sociología
y
política

# CAPITALISMO
# EN
# CUATRO COMUNIDADES
# RURALES

*por*
SERGIO DE LA PEÑA

XXI
siglo
veintiuno
editores

MÉXICO
ESPAÑA
ARGENTINA
COLOMBIA

## siglo veintiuno editores, sa de cv
CERRO DEL AGUA 248, DELEGACIÓN COYOACÁN, 04310 MÉXICO, D.F.

## siglo veintiuno de españa editores, sa
C/PLAZA 5, MADRID 33, ESPAÑA

## siglo veintiuno argentina editores, sa

## siglo veintiuno de colombia, ltda
AV. 3a. 17-73 PRIMER PISO, BOGOTÁ, D.E. COLOMBIA

portada de anhelo hernández

primera edición, 1981
segunda edición, 1986
© siglo xxi editores, s. a. de c. v.
en coedición con la
universidad nacional autónoma de méxico

ISBN 968-23-1088-1

# ÍNDICE

[5]

# INTRODUCCIÓN

Diversos estudios han demostrado la vigencia global del capitalismo en su fase mercantil en México desde finales del siglo pasado.[1] También se han elaborado investigaciones que constatan el tránsito al capitalismo industrial que han tenido lugar desde la cuarta década del presente siglo en México. Sin embargo, muchas discusiones surgieron y aún continúan acerca de la presencia de feudalismo en épocas pasadas y la persistencia de sus rasgos en diversos ámbitos de la sociedad hasta años recientes.

En la actualidad preocupa el tema de la transición al capitalismo industrial. El proceso de construcción del capitalismo es objeto de un número creciente de investigaciones que se orientan a estudiar ya sus aspectos globales, ya económicos, políticos, culturales, etc. Debe destacarse que la proporción de trabajos de investigación con un enfoque marxista es cada vez mayor debido a la riqueza explicativa que aporta. En una forma explícita en la mayoría de los casos, e implícita en otros, contienen la opción clasista crítica de los autores de este tipo de estudios.

Dentro del problema general de la investigación del capitalismo se enmarca el tema de la forma y consecuencia de la implantación de relaciones de producción capitalistas en las comunidades rurales. Su relevancia destaca en cuanto a la necesidad cien-

---

[1] Entre otros véanse J. F. Leal, *La burguesía y el Estado mexicano*, El Caballito, México, 1972; A. Gilly, *La revolución interrumpida*, El Caballito, México, 1971; S. de la Peña, *La formación del capitalismo en México*, Siglo XXI, México, 1975; A. Aguilar, *Dialéctica de la economía mexicana*, Nuestro Tiempo, México, 1968.

[7]

tífica y política de contar con una explicación de la forma como ha tenido lugar el avance del capitalismo en México, de las transformaciones económicas y clasistas que este proceso conlleva en las áreas rurales y de sus repercusiones sobre el resto de la sociedad. Esto último se refiere a la aportación de valor y trabajo de las comunidades rurales a otros sectores económicos, el mercado que constituyen, y el soporte que otorgan al Estado nacional. Pero sobre todo es fundamental explicar la contribución y participación de integrantes de estas comunidades en las luchas de clases. Debe señalarse que esta última tarea está sólo iniciada. Son pocos los trabajos dedicados a este tema.[2]

Los objetivos de la presente investigación se limitan a poner a prueba algunas hipótesis acerca de los aspectos principales que se refieren a la teoría de la formación y funcionamiento de las relaciones de producción del capitalismo en áreas rurales de México. Se trata de examinar en congregaciones sociales rurales la presencia de elementos del capitalismo, su articulación con otras formas de organización de la producción y el proceso de transformación interna. No se explora la historia de la construcción de las relaciones capitalistas sino que sólo se proponen algunas hipótesis en aquellas partes de la

2 Entre los trabajos recientes sobre México están los siguientes: Ricardo Pozas e Isabel Horcasitas de Pozas, *Los indios en las clases sociales de México*, Siglo XXI, México, 1971; Roger Bartra, *Estructura agraria y clases sociales en México*, ERA, México, 1974; Manuel Coello, "Caracterización de la pequeña producción mercantil campesina", en *Historia y Sociedad*, 8 (segunda época), invierno de 1975; Kirsten Appendini y Vania A. Salles, *Agricultura capitalista y agricultura campesina en México*, El Colegio de México, México, 1975; Ariel J. Contreras, "Economía pequeño-mercantil y mercado capitalista", en *Historia y Sociedad*, 12 (segunda época), invierno de 1976; Luisa Paré, *El proletariado agrícola en México*, Siglo XXI, México, 1977; Héctor Díaz-Polanco, "Las clases sociales en el Bajío", en *Controversia*, 5, enero-marzo de 1978.

argumentación en que es necesario contar con una explicación de esta naturaleza.

El estudio de agregaciones sociales rurales plantea problemas conceptuales y metodológicos especiales. El acervo teórico e instrumental del materialismo científico se refiere principalmente a las tendencias globales y a las leyes generales del capitalismo. Esto obliga a profundizar en los problemas de crear la metodología e instrumentos para el estudio de casos específicos y de fragmentos de la sociedad como son las comunidades rurales.

La amplia discusión conceptual que se emprendió para este propósito por el colectivo de investigación se ha vertido en una publicación aparte.[3] Uno de los problemas más complicados que se discutieron consiste en que el planteamiento materialista es totalizador del fenómeno social, por lo que el intento de investigar algunas comunidades rurales impone esfuerzos adicionales para comprender esa totalidad a través de las complejas interrelaciones existentes entre las comunidades estudiadas y el resto de la sociedad. Es necesario evitar la inclinación de los estudios tradicionales a considerar la comunidad rural como universo aislado. También la tendencia de otras corrientes que suponen que las comunidades son fragmentos homogéneos de un todo, y que en su interior se reproducen todas las relaciones de la sociedad a que pertenecen. En realidad el problema consiste en efectuar un análisis mediante las abstracciones que sean necesarias, pero restituir la complejidad de las relaciones y vinculaciones esenciales internas de la realidad que determinan y explican la mutua interdependencia y condicionamientos entre la comunidad y la sociedad.

El procedimiento de investigación se inició con la formulación de proposiciones conceptuales y meto-

[3] S. de la Peña, *El modo de producción capitalista. Teoría y método de investigación*, Siglo XXI Editores, México, 1978.

dológicas que culminó con la elaboración de los elementos instrumentales adecuados para estudiar los aspectos que se consideraron relevantes en cuanto a conocer las relaciones capitalistas de las comunidades. La opción de generar información especial para el efecto y aún la decisión de que fuese obtenida mediante la ejecución de censos universales en cada comunidad y no muestras, fue tomada en razón de los objetivos de la investigación. Se elaboraron cédulas familiares y por actividad económica que cubren una gran variedad de aspectos, con el propósito de comprender las relaciones esenciales de las comunidades y la forma de su reproducción.

Debe aclararse que la razón para seleccionar cuatro comunidades rurales a fin de efectuar un estudio de esta naturaleza, se debe a la economía de la investigación. Un estudio de la totalidad de la población rural de México o de una región completa queda absolutamente fuera de las posibilidades de los centros de investigación universitarios. La elección misma de la región del Valle del Mezquital para realizar el estudio fue, en realidad, consecuencia de la posibilidad de contar con la ayuda financiera de la comisión regional especializada en objetivos del desarrollo de la población indígena, que fue organizada desde mediados del siglo. En realidad esta comisión, que es el Patrimonio Indígena del Valle del Mezquital, ha ido ampliando su ámbito de operación para dedicarse a actuar en toda una zona extensa, la que desde luego es predominantemente indígena. Durante la administración del profesor Maurilio Muñoz como vocal de la institución, se estableció un convenio de colaboración para fines de investigación con el Instituto de Investigaciones Sociales de la UNAM. Durante los cuatro años de vigencia que tuvo el convenio de referencia se efectuaron investigaciones que hasta ahora han dado como resultado la publicación de 5 libros incluyendo el presente, así como la elaboración de 19 tesis de

grado a nivel de licenciatura, 34 informes de trabajo y más de dos docenas de artículos científicos.[4]
El trabajo de investigación fue resultado de una
amplia colaboración del colectivo en las varias etapas del estudio. Dicho colectivo se formó, en primer
lugar, por los participantes directos que aportaron
sus esfuerzos de estudio, discusión, elaboración, trabajo de campo, concentración e interpretación de la
información, así como redacción de trabajos indivi-
duales y conjuntos: Daniel Constantino, Ariel Contreras, Enrique Mérigo, Magdalini Psarrou, Martha
Rafful y David Zárate. En segundo lugar, pero no
menos importante, fue la participación a través de
discusiones conjuntas y en la colaboración estrecha
a la solución de problemas conceptuales, instrumentales e interpretativos con los otros grupos de investigación que formaban parte del colectivo general
del proyecto Estructuras y Sistemas de Dominación
(ESTRESIDOM) que durante esos cuatro años fun-
cionó en el Valle del Mezquital. Entre sus componentes están Luisa Paré, Roger Bartra, Julio Labas-
tida, Raúl Benítez y Jorge Bustamante como direc-
tores de proyectos, y los colaboradores Adelina Arre-
dondo, Ricardo Ávila, Eckart Boege, René Cabrera,
Pilar Calvo, Jorge Casas, Humberto C. de Gram-
mont, Erasto Díaz, Ángela Garduño, Jorge Gutié-
rrez, Sara Lara, Víctor R. Martínez, Silvia Ortega,
Silvia Terán, Ricardo Tirado.

---

[4] Los libros son: R. Bartra, *Estructura agraria y clases
sociales en México*, ERA, México, 1973; R. Bartra *et al.*,
*Caciquismo y poder político en el México rural*, Siglo XXI,
México, 1975; L. Paré, *El proletariado agrícola en México*,
Siglo XXI, México, 1977; S. de la Peña, *El modo de pro-
ducción capitalista*, Siglo XXI, México, 1978, y el presente.

# 1. HIPÓTESIS DE TRABAJO

## 1.a. Hipótesis sobre la articulación de modos de producción

La naturaleza limitada de la investigación determinó la necesidad de encaminar los esfuerzos a clarificar solamente algunas de las múltiples cuestiones de interés que surgen al plantearse un problema de esta naturaleza. Se propusieron como hipótesis a constatar las que parecían demandar una atención prioritaria en cuanto a ser las bases para avanzar más adelante en el conocimiento del capitalismo en el subdesarrollo. Ciertos aspectos fueron dejados de lado por cuanto otras investigaciones del colectivo se dedicaron a su reconocimiento, entre estos los relativos a la formación y la reproducción del poder económico y político, ideología campesina, comercialización de productos agrícolas y otros más.

Una de las cuestiones de primordial interés en el estudio del capitalismo con un enfoque correspondiente al materialismo científico es el de las vías, los obstáculos y el alcance de las transformaciones sociales de su implantación. En esencia se trata del estudio de la transición en el nivel de comunidad de los modos de producción previos hacia el capitalista. El tema resurgió desde la década de los años sesentas en América Latina, en buena medida como necesidad de adentrarse en la explicación de las luchas de clases y del fenómeno rural para diseñar la acción política que demandaba niveles más complejos de actuación a las fuerzas proletarias.[1] En otras

---

[1] Algunos de los estudios que se realizan en torno al tema se encuentran en C. S. Assadourian *et al., Modos de*

[13]

latitudes había sido igualmente planteada la cuestión, ya en áreas de atraso más acentuado (regiones de África y Asia), ya donde las etapas de industrialización de la agricultura se habían retrasado y ahora se aceleraban, dando lugar a una gradual y limitada eliminación del pequeño productor agrícola (Francia por ejemplo).[2]

La discusión de orientación marxista era impulsada por varios estímulos políticos que, como todos, se transformaban en intereses intelectuales a través de los caminos psicológicos aún poco dilucidados. Dichos estímulos consistían en dos principales. Uno, a nivel mundial, traído a cuenta por la cuestión del tránsito del capitalismo al socialismo que a partir de 1960 se empezó a acelerar, y de las luchas de clases en su expresión internacional. Otro más inmediato se refiere al surgimiento en América Latina de las tesis y luchas guerrilleras a partir de una interpretación que asigna un gran potencial revolucionario al campesinado. A diferencia de otras interpretaciones, ésta supone la persistencia de modos de producción no capitalistas, y por lo mismo, de clases sociales no capitalistas como es la campesina, así como el que la lucha social principal se concentraba en la contradicción campesinado-capital. De aquí el gran interés que surgía en profundizar la discusión sobre la articulación entre modos de producción y sobre el tránsito de uno a otro, ya que constituía el centro de la formulación política. Esta discusión está lejos de acabarse ya que se han sumado otros

*producción en América Latina*, Cuadernos de Pasado y Presente, 40, México, 1980, así como el núm. 5 de la revista *Historia y Sociedad*, 2a. época.

[2] De los estudios sobre la articulación de modos de producción en algunas regiones de África se puede citar el de S. Amin, publicado en dos partes: *Desarrollo desigual* y *El capitalismo periférico*, Nuestro Tiempo, México, 1974. A su vez una de las investigaciones recientes sobre este tema en el caso de Francia es la de P.-P. Rey, *Las alianzas de clases*, Siglo XXI, México, 1976.

intereses que la alimentan, surgidos de las nuevas condiciones y objetivos de la lucha de clases que pone en término principal la cuestión de la transición al socialismo y los consecuentes problemas de articulación capitalismo-socialismo-comunismo.

En rigor algunos de los puntos de estas cuestiones no sólo se discuten en el campo marxista sino también en el burgués, mas con su propio punto de interés, ya sea de la modernización o del desarrollo económico, y según el ordenamiento teórico elegido (funcionalismo, estructuralismo, concepción sistémica, neopositivismo). Sin embargo, se trata de puntos de vista que por elección doctrinaria no parten del concepto de modo de producción, que es esencial en la concepción marxista.

La primera hipótesis que se planteó, y la más general, fue que, dado el desarrollo capitalista nacional, tenía lugar una transición, y por lo tanto, existía una articulación entre modos de producción en las áreas por transformar. Dentro de este supuesto se delinearon otras hipótesis complementarias, pero de gran importancia por sí mismas, como son las referentes a la reproducción de las comunidades a partir de relaciones de producción campesinas (de autoconsumo y autosuficiencia comunales, a las que corresponderían los elementos sociales y superestructurales propios), la limitación de la proletarización del trabajo debido a la resistencia campesina, la cesión de excedente económico por el conjunto de la comunidad a favor de la economía capitalista a través de diversas vías de vinculación con su exterior, la existencia de modalidades y niveles de consumo propios de las comunidades campesinas, o sea diferentes a las de las comunidades integradas al capitalismo, etcétera.

Durante el proceso de discusión y de investigación algunas de las hipótesis secundarias y complementarias simplemente se desecharon al ser evidente que eran irrelevantes para el caso concreto. Se orientó con más precisión la búsqueda de lo que se significó como lo más relevante en el caso de las sociedades rurales.

Los resultados del estudio sobre los modos de producción y su articulación, así como los hallazgos y las conclusiones que se alcanzaron fueron de muy diversa naturaleza. Por razones de agilidad de la exposición habremos de presentarlos no en el orden de su importancia relativa y en forma separada sino como un conjunto. Esto refleja también la preocupación por lograr una comprensión de todos los aspectos pertinentes del fenómeno social a nivel rural en su vinculación compleja, ya que de hecho toda la investigación hace referencia a la forma como el capitalismo y sus relaciones fundamentales se presentan, establecen e imperan a nivel de estas congregaciones sociales como una totalidad, de la cual éstas forman parte.

También resultó evidente desde el planteamiento inicial la necesidad de establecer una hipótesis global acerca de la comunidad rural del capitalismo subdesarrollado. Esto es, fue necesario elaborar la proposición general acerca de las características internas de la comunidad capitalista y de sus relaciones con la totalidad de la sociedad en el subdesarrollo a fin de evitar el confundir elementos comunes de toda congregación rural, con indicios de la existencia de modos de producción no capitalistas.

### 1.b. *Hipótesis acerca de la comunidad rural en el capitalismo subdesarrollado*

Se asume el supuesto de que la comunidad está determinada en su evolución y funcionamiento por estructuras, relaciones y funciones internas que son al mismo tiempo parte y producto de relaciones y factores sociales de orden nacional y regional. Existe una interdependencia cuyo contenido y forma es resultado principalmente de la manera como se inserta la comunidad en el modo de producción capitalista y forma parte de la sociedad global.

También se asume que dentro de la comunidad se reproducen relaciones internas que tienen una cierta dinámica propia dentro de las condicionantes que imponen las relaciones globales de la sociedad de la que es parte. Dicha dinámica propia se restringe, entre otras causas, por la contribución de la comunidad a la reproducción de las relaciones internas y externas y por su dependencia de éstas para reproducirse la propia comunidad. Persiste así, dentro de la comunidad, una parte de las relaciones sociales que mantienen una autonomía aparente con respecto a las relaciones externas.

A medida que avanza el predominio de las formas capitalistas de producción material y de reproducción social sería de esperarse que esa autonomía aparente de una parte de las relaciones sociales tendería a reducir su importancia. Al menos esa parece ser la experiencia histórica en sociedades capitalistas avanzadas así como en regiones del propio país donde el desarrollo capitalista es más intenso. Sin embargo, dicha tendencia no parece conducir a la desaparición total de dicho conjunto con autonomía relativa sino cuando más a su modificación. Esto se debe a que los elementos que sustentan tales relaciones son reproducidos por la comunidad como tal y no por el modo de producción. Es decir se trata de factores que generan la cohesión comunitaria y las relaciones que son parte central de la vinculación social que tienen. Sin embargo, no desaparecen ni cambian radicalmente con el desarrollo capitalista. En un nivel social más amplio, se trata de vínculos tan persistentes como los familiares.

Ese núcleo central de relaciones de la comunidad rural se forma por un conjunto de estructuras que traspasan los modos de producción conocidos hasta ahora, adaptándose y persistiendo hasta la actualidad. Forman parte de un conjunto de aspectos sociales que no son determinados ni condicionados directamente por las formas de producción, y sin embargo, son un soporte de éstas. Un aspecto de principal importancia que debería ser objeto de futuras investigaciones es el relativo al papel que desempeñan estas estructuras en el tránsito de un modo de producción a otro y su adaptación en el proceso.

Las cuestiones anteriores traen a colación directamente el problema ya mencionado antes acerca de la posibilidad de que existan diversos modos de producción en una misma comunidad. También convierte en punto relevante la consideración sobre la forma de independencia de relaciones de producción diferentes.

En la literatura tradicional se hacen frecuentes referencias a las comunidades campesinas, sobre todo las de mayor acento indígena, considerándolas como unidades sociales en las que prevalecen modos de producción precapitalistas. Sin embargo, se trata usualmente de comunidades que también tienen contacto con el mundo capitalista. Así, puede ser una apariencia la condición interna precapitalista o ser efectivamente una relación social fundamental. La diferencia de apreciación es de vital importancia, no sólo por lo que se refiere a la calificación del carácter del subdesarrollo de la comunidad, sino también por la influencia que tiene esta interpretación sobre la apreciación del subdesarrollo nacional y sobre todo, sobre la orientación del quehacer político.

En el caso de considerar que se trata de una condición precapitalista, se puede inferir que el proceso de incorporación al capitalismo está incompleto y que existen tareas burguesas que las fuerzas del capitalismo tratarán de cumplirlas. En el caso de apreciar que no se trata de relaciones precapitalistas sino

que constituyen las variantes subdesarrolladas del
capitalismo, se podría inferir que dichas relaciones son características del subdesarrollo y, en su
medida, que contribuyen a la reproducción del mismo. En este caso podría suponerse que la transición
al futuro modo de producción será dentro de un
marco de relaciones y luchas clasistas de carácter
capitalista.

El problema de la apreciación del carácter de la
comunidad se puede resolver acudiendo al estudio
de la forma como el modo de producción se revela
en el nivel de la comunidad. Pero es esencial en este
planteamiento metodológico considerar la manera
como se reproduce en la comunidad el modo de producción.

La consideración del nivel de agregación social
necesaria para que rijan todos los elementos del
modo de producción es central en esta apreciación.
Si se considera, como se asume en esta investigación, que el modo de producción requiere para su
plena reproducción el nivel mundial, entonces lo
observable en la comunidad será la forma como ésta
colabora a la reproducción del modo de producción
capitalista y como la operación del conjunto de la
economía nacional, según ese modo, condiciona el
funcionamiento de la comunidad en sus aspectos
principales (aunque hay otros factores autónomos).
Esto último significa que a medida que predominan
las formas capitalistas de producción de valor y de
reproducción de la comunidad, se extienden y multiplican las relaciones con el conjunto de la sociedad
y éstas se convierten en las vitales para reproducir
las relaciones de producción dentro de la comunidad.

No obstante, a los elementos principales del modo
de producción se suman otros que por diversas vías
ejercen influencia en dicha reproducción.

El carácter de las relaciones internas encuentra su
explicación principal en el modo de producción ca-

pitalista y, sólo en un segundo plano, en la manera
como retienen algunas relaciones y elementos de una
dinámica aparentemente autónoma (donde componentes y estructuras heredadas de modos de producción anteriores son de elevada relevancia). Es
de considerar que dichas estructuras comunitarias
persisten, a veces con cierta adaptación, cuando no
interfieren en el funcionamiento del capitalismo.
Pero también es prudente plantearse la posibilidad
de su persistencia aun cuando no sean "funcionales" al capitalismo, cuando son retenidas por fuerzas sociales (que van desde las organizadas hasta
las de "la inercia de las costumbres y los usos").
Es decir, que su adaptación no necesariamente se
completa para facilitar un nivel de eficacia productiva y de reproducción social sino que en todo casi
dicha eficacia sufre restricciones ante la persistencia de estructuras no adaptadas. Estas adaptaciones,
condicionantes y operaciones contradictorias ponen
en entredicho la validez de la idea de la funcionalidad y racionalidad absolutas de los procesos sociales de los "sistemas".

Es decir, dentro de la comunidad pueden estable-
cerse o mantenerse procesos productivos y relaciones no capitalistas en la medida en que se ajusten
a las condiciones globales capitalistas, pero también
cuando comportan contradicciones funcionales, hasta cierto punto. Depende de la fuerza de la inercia,
resistencia o combate de los interesados en esos elementos frente a la fuerza homogeneizadora de los
interesados en los procesos capitalistas. Ello sugiere
implícitamente que a niveles agregados menores que
los correspondientes al modo de producción se forman "poros" donde pueden surgir variantes de relaciones sin ser aplastadas por el capitalismo, sino in-
tegrarse relativa y contradictoriamente a éste. También se infiere que a este nivel el peso relativo del
modo de producción y de otros factores sobre la
sociedad rural se alteran en comparación con lo que

sucede al nivel de la sociedad nacional como conjunto.

Esta "porosidad" del capitalismo, donde subsisten formas de organización de la producción y una diversidad de aspectos ajenos a los procesos productivos, todos ellos no capitalistas, resulta simplemente de que lo central del capitalismo es la acumulación y mantener la reproducción en expansión permanente, y que todo lo que ayuda al mismo propósito es estimulado. Pero también hay una diversidad de componentes productivos y no productivos que persisten y se extienden aun cuando no sean "funcionales" al capitalismo. Dicho en otra forma, se podría proponer que la comunidad, la cooperativa o la unidad de producción que se organiza internamente según normas no empresariales, será barrida si ello es necesario para la supervivencia del capitalismo, pero será reproducida aun siendo un elemento de ineficacia social, si existen fuerzas suficientemente poderosas interesadas en ello.

Una cuestión importante es la que se refiere a las vías de contacto de la comunidad con el resto de la sociedad capitalista. Inicialmente este contacto sucedió dentro del proceso de acumulación originaria, cuyos efectos terminaron en México hace varias décadas.

Hay núcleos que preservan relaciones no capitalistas de producción, pero que están bajo el dominio global de las superestructuras del capitalismo y de las estructuras de distribución e intercambio. La manera como fueron engullidos estos núcleos por el capitalismo es una parte de la historia del subdesarrollo que está poco analizada. Según el esquema clásico sería de esperar la asimilación plena de estos núcleos, que sin embargo, muestran en la actualidad numerosos rasgos precapitalistas de gran vitalidad. Esta persistencia de rasgos no capitalistas es lo que ha sugerido que se trata de sociedades que operan según otros modos de producción. Sin em-

bargo, en el caso de la comunidad rural capitalista
puede tratarse de vestigios secundarios, ya que las
comunidades como conjunto, han sido incorporadas
al capitalismo sin necesidad de revolucionar todos
los aspectos sociales o los procesos de producción
internos de cada unidad productiva. La persistencia de unidades productivas no capitalistas en condiciones miserables y su papel en la reproducción
de formas de explotación primitivas y desfavorables
al trabajo son parte del capitalismo subdesarrollado.
En un capítulo posterior dedicado a las luchas de
clases veremos algunos de estos aspectos.

Se puede considerar que la comunidad se encuentra inmersa como conjunto en relaciones capitalistas
de producción cuando el intercambio mercantil de
bienes y factores es fundamental para su reproducción. Esto supone una monetización interna de las
transacciones, la movilidad de excedentes y la gradual o repentina incorporación de formas productivas y organizativas capitalistas.[3] Así, aun cuando al
interior de la mayoría de las unidades productivas
de la comunidad existan relaciones no mercantiles de la organización del trabajo, o que sea todavía minúscula la fracción de la comunidad en contacto comercial con el resto del país (que es la que
sostiene financieramente el peso de la adquisición
de bienes y servicios del exterior que se usan para
la operación no empresarial del resto de la economía comunal), el conjunto de la comunidad puede
considerarse que forma parte del sistema capitalista.
Tal es el caso de numerosas comunidades rurales y
de cooperativas de México, o para fines de ejemplo, de los kibutzim de Israel.

Un aspecto de interés es el señalar que el proceso de extracción de riqueza puede detenerse en
el umbral de las unidades productivas. Y aun de la

3 Karl Marx, *Elementos fundamentales para la crítica de
la economía política (borrador) 1857-1858.* Siglo XXI,
México, 1971, t. I, p. 475.

comunidad rural como conjunto. Esto sucede por falta de interés del sector capitalista ante la miseria de los despojos sobrantes de tierras y de otros recursos (forestales, mineros, de localización turística) en manos de comunidades atrasadas. Pero también por la resistencia de sus habitantes y aun por el efecto de protección del Estado a consecuencia de las restricciones políticas impuestas por algunas luchas sociales, por ejemplo, las leyes agrarias en México.

A su vez los mecanismos orginarios de exacción de excedente en forma de corrientes de valor usualmente siguen operando después de terminada su función primitiva de concentración originaria de riqueza y valor y de los comienzos de la explotación capitalista. Entre esos mecanismos se distinguen las relaciones de precios desfavorables para los núcleos atrasados, así como las vías de carácter bancario y fiscal. Pero ello no nos autoriza para atribuir a estos mecanismos las funciones de acumulación originaria, sino tan sólo consignar que su persistencia e inclusive su agudización corresponde a la vigencia plena de la ley del valor en el conjunto de la sociedad. Lo que sí sucede es que parte de esta sociedad preserva rasgos de relaciones no capitalistas, ya sea que estén en proceso de desaparición o permanezcan estables en el seno de comunidades. En cierto sentido esta persistencia de rasgos no capitalistas es resultado del grado y manera como se efectuó la penetración capitalista en su versión subdesarrollada.

Uno de los criterios centrales para calificar el carácter de una comunidad dentro del capitalismo es el grado de división del trabajo que se ha logrado a partir de la separación del trabajador libre de los instrumentos de producción. Esto es, se conocen así las bases del desarrollo del trabajo asalariado y se puede apreciar su importancia en los procesos productivos. Se puede efectuar entonces la apreciación del trabajo aplicado en este tipo de labores y la magnitud del valor que obtiene en comparación con labores que se encuentran organizadas dentro de normas no capitalistas (por ejemplo el trabajo individual del campesino). La proporción de trabajo desarrollado según condiciones de asalariado o no, define el carácter mismo del trabajo como conjunto y de la comunidad.

La presencia de trabajo asalariado indica que las relaciones de explotación capitalistas están en operación, y por lo tanto, deben dar lugar a la formación de clases sociales del capitalismo. Sin embargo, la existencia de clases sociales del capitalismo sólo nos habla de la posición objetiva de clase de los individuos y no de su práctica política real y posible, la que está poderosamente influida por la ideología dominante y las estructuras del consenso. En las comunidades rurales capitalistas de grandes regiones de México resalta la influencia ideológica de las formas precapitalistas en combinación con las del Estado nacional burgués a través de la formación de los principales valores que norman la vida comunal. De aquí que el carácter objetivo de la comunidad puede ser capitalista y en cambio la ideología predominante puede ser no capitalista.

Un aspecto fundamental en la vida de la comunidad es la relación económica que existe con el resto de la nación. Por una parte se efectúa un intercambio de bienes y servicios; por otra de factores, y como contrapartida se crean flujos financieros y monetarios. Además las relaciones de precios se establecen en gran medida sin influencia de la comunidad, tanto de los bienes que adquiere como de los que vende.

A través de esta relación económica surgen transferencias de valor. Algunos mecanismos principales se refieren a las relaciones de precios que determinan que el intercambio de valor sea desigual. La interpretación de este fenómeno, además de su medida y la apreciación de sus consecuencias, ha sido

motivo de una diversidad de proposiciones.[4] Otros
canales son los financieros. Otros más, que son de
difícil apreciación cuantitativa, son los que operan
a través de la influencia de la producción de valor,
de las aportaciones al ejército de reserva y de la
forma de reproducción demográfica sobre los niveles del salario vital (la perecuación del salario histórico de subsistencia socialmente aceptado).

Una hipótesis que se puede proponer consiste en
que la pérdida de excedente de una comunidad rural
capitalista a favor de los centros urbanos y en particular de las actividades de servicios e industriales,
es más intensa en la medida en que el país es más
desarrollado y que la comunidad también lo es. En
efecto, dentro del capitalismo uno de los papeles
que está destinado a cumplir cada uno de los componentes del sistema es la aportación máxima de
valor para ser concentrado y transformado en capital por clases, por actividades, por regiones, por
individuos y naciones. En estas relaciones desiguales de transferencia son usualmente las actividades
primarias las generadoras iniciales de excedente.

Una de las características de la sociedad capitalista es que se basa en la explotación del trabajo
por el capital y en la apropiación desigual del plustrabajo. De aquí que la expectativa de lograr un
intercambio de iguales, o de que el pago al trabajo
sea lo correspondiente al total del valor creado, sean
aspiraciones románticas, mas no condiciones posi-
bles en el capitalismo. Por ello es que el sector agro-
pecuario como conjunto y las comunidades en particular tienden a ser adaptadas a su papel de apor-
tadoras de excedente, o sea que consumirán valor
en cantidad menor que la que generan. En el caso
particular de los sectores primarios e industriales,
en vista de ser los que sostienen con su excedente

[4] Véase por ejemplo A. Emmanuel, *El intercambio desigual*, Siglo XXI, México, 1972.

el consumo personal y productivo de una enorme
masa de consumidores urbanos y rurales, se les impone por necesidad una contribución creciente de
valor a través del intercambio desigual y de la transferencia de excedente por otros canales.[5] El tipo de
mecanismo que opera para asegurar la transferencia
del valor y la forma como éste funciona, son aspectos relevantes del subdesarrollo y de su reproducción en la comunidad rural.

Además de la vinculación económica, de la que
el intercambio comercial es sólo uno de los aspectos
importantes, resulta la de carácter ideológico, político, cultural y desde luego administrativo con el
Estado nacional del que forman parte las estructuras comunales. Las estructuras ideológicas que se
implantan y los mecanismos y formas de su construcción y transmisión constituyen otros tantos elementos principales del problema de la caracterización del subdesarrollo.

Algunas de las consideraciones sobre este tema
ilustran la vinculación entre ideología comunal y
subdesarrollo. Así por ejemplo, la tendencia hacia
la preservación de vínculos entre la comunidad y
sus emigrantes a pesar de que la ocupación y el medio de vida principal ya no sea agrícola ni habiten
en la vecindad de su lugar de origen, contribuye por
una parte a la dificultad para establecer su identidad de clase. Por otra, en México la vinculación del
emigrante con la comunidad se sustenta usualmente
en la protección a derechos agrarios de dominio de
tierras que sigue explotando la fracción de la familia que permanece en la comunidad. A reserva de
volver sobre esta relación, que se sustenta en gran
medida en los ingresos que remiten los emigrantes,

---

[5] Véanse S. de la Peña, "La reforma agraria y el excedente", en *Planificación*, núm. 2, marzo-abril de 1968, así
como Salomón Eckstein, *El marco macro-económico de la
agricultura mexicana*, Centro de Investigaciones Agrarias,
México, 1968.

aquí deseamos señalar el conocido efecto que ello tiene de inmovilizar los factores de la producción y afectar el proceso capitalista de concentración, lo que produce tendencias al estancamiento.

De esta manera las restricciones agrarias no sólo limitan la concentración de la propiedad (o dominio, que es importante) de la tierra sino también del capital en las áreas rurales. En consonancia con esta tendencia a la inmovilidad de tierra y capital también se limita la movilidad de la mano de obra, y con ello se obstaculiza la acumulación, la división del trabajo, la tecnificación de la producción, la elevación de la productividad y los rendimientos. No es que todo dependa de un solo factor (la tenencia de la tierra, por ejemplo) sino que se suman los efectos del conjunto de factores favorables al estancamiento.

Para compensar el efecto de la acción de estos factores y revertirlos se requiere de esfuerzos y ajustes difíciles de lograr. Pero además las tendencias a inmovilizar a los factores de la producción no son similares en todas las regiones ni en todo tipo de unidades productivas. Esto es, influye poderosamente la calidad de los recursos naturales y su cercanía a los mercados nacionales y mundiales para fortalecer los estímulos a fin de vencer las restricciones agrarias, comunales y campesinas a la movilidad de factores y alcanzar formas más avanzadas de explotación capitalista. En las regiones con tierras de buena calidad y con riego es usual que el impulso concentrador capitalista logre éxito, por encima de todas las restricciones legales, para satisfacción del apetito empresarial de lucro. En estas regiones la proletarización del trabajo es masiva, la acumulación se realiza según las normas capitalistas y las relaciones internas de las comunidades tienden a cobrar un carácter pleno capitalista abandonando sus características anteriores.

Las ideas preconcebidas sobre el carácter y virtudes del campesino y de la comunidad deben explicitarse. Una de ellas se refiere a la tendencia a considerar que la autosuficiencia de la comunidad —y de la nación— es signo de desarrollo. Esta concepción se deriva con frecuencia de la oposición sentimental al capitalismo y de la aplicación mecánica de algunas ideas sobre los efectos negativos de diversas formas de dependencia de la comunidad y del país, que considera como universo a una y a otro. Esto es, inducen a calificar como lo deseable, o sea la meta del desarrollo, la no dependencia, la autonomía económica (la autarquía en el caso de comunidades). Pero esta meta en el capitalismo actual es inalcanzable y también indeseable para los intereses de la burguesía y del proletariado.

Otra noción frecuente es la que se refiere a la posibilidad de la desaparición de la comunidad tradicional al ser penetrada por relaciones capitalistas y perder su carácter campesino. Algunas corrientes lo consideran una catástrofe cultural y pretenden preservar su existencia tradicional a toda costa. El efecto de una política que se diseñe con estos propósitos consistirá en que se acentúe el subdesarrollo de la comunidad al prolongar sus rasgos más conservadores que facilitan su explotación por las vías capitalistas. En efecto, se le expone a los peores sistemas de explotación al facilitar la apropiación de plusvalor a través del intercambio mercantil y otras vías, sin armar al mismo tiempo a los integrantes de la comunidad con los únicos instrumentos de defensa en el capitalismo, que son los clasistas. Es decir, si por una política conservadora se impide la proletarización del trabajo, y no se sustituye la organización campesina de la producción con una superior, como es el colectivo cooperativo moderno de elevada eficiencia y capacidad de acumulación, se deja inerme a la población y sumida en la más folklórica y genuina miseria.

Un estereotipo decimonónico usual considera al

campesino un ser más "libre" y más "sano" por lo
que se le debe proteger a fin de no ser deformado
por el capitalismo. En parte se trata de una heren-
cia sentimental de las concepciones románticas que
aprecian como ideal al pequeño campesino indivi-
dualista y autosuficiente, alejado de la perversión
urbana. La ignorancia, la miseria, el frecuente desequilibrio mental, el alcoholismo, la explotación
despiadada, se borran de esta imagen tan útil a la
ideología conservadora que con ello presta apoyo
a los excesos del capital.

Al transformarse la comunidad rural en capitalista pierde la unidad que antes tenía. Se divide en
cierto grado según clases sociales, pero prevalecen
(y a veces predominan) los vínculos comunales y
familiares, siempre dentro de una magnitud demográfica y social reducida. Aquí la ideología capitalista se mezcla con ingredientes comunales que sirven tanto para reproducir las estructuras nacionales
de Estado y productivas, como para retener rasgos
comunales que también se reproducen en el capitalismo.

## 2. LAS COMUNIDADES RURALES SELECCIONADAS

La selección de las comunidades a estudiar se realizó procurando que tuviesen un alto contraste entre ellas en cuanto a su grado de vinculación con el capitalismo de manera que se lograse una comparación de sus condiciones. Es decir, se optó por elegir algunas comunidades donde la vida social tuviese un marcado sentido comercial en sus relaciones internas y externas, así como otras que mostrasen indicios de un alejamiento de las relaciones capitalistas. No constituyen una muestra representativa de las comunidades de la región sino casos que permiten establecer algunas conclusiones en cuanto a su integración a las relaciones de producción capitalistas a nivel regional y nacional y a la formación de dichas relaciones en su interior.

Las comunidades rurales seleccionadas para su estudio presentan a simple vista diferencias marcadas en el grado de desarrollo capitalista, y por ello fueron elegidas. La hipótesis consistió en que esas diferencias aparentes correspondían al grado de avance de las relaciones capitalistas que operan en su interior. Las comunidades estudiadas, según el orden de la jerarquía aparente por el grado de avance del capitalismo son las siguientes:

*El Maye*, municipio de Ixmiquilpan, Hidalgo. Se trata de un pueblo estrechamente integrado a la ciudad de Ixmiquilpan, de la que depende en gran medida. Ixmiquilpan es un centro comercial, administrativo, político y social de primera importancia en el Valle del Mezquital (sólo sobrepasado por Tula, que se ubica en los linderos del Valle). El

[30]

Maye dista escasos tres kilómetros de Ixmiquilpan. Debido a la expansión de ambos centros, las viviendas de sus orillas serán en pocos años colindantes. De hecho tiende a convertirse, El Maye, en un barrio más de Ixmiquilpan. Esta tendencia ha operado intensamente al grado de que la localidad ya no tiene un mercado propio.

Una elevada proporción de las tierras con las que cuenta el pueblo son de riego. No obstante el total de tierras agrícolas son poco extensas ya que disponen en promedio de menos de media hectárea por familia. Su producción mercantil es una proporción elevada de la producción total. Se vende no sólo en el mercado de Ixmiquilpan, sino aun a compradores de La Merced, centro de abasto de la ciudad de México, distante casi 200 kilómetros. El elevado grado de monetización de las transacciones internas y la preeminencia de formas mercantiles de operación tienen un correlato con las formas de organización de la producción, del consumo, las actitudes y la ideología. Un número elevado de sus habitantes trabaja en Ixmiquilpan regularmente y otros en forma eventual. La mayoría se ocupa en labores de servicios y unos pocos en construcción, casi todos con salarios modestos. También importante es el hecho de que los centros escolares que atienden a una parte de los educandos de nivel primario y secundario se encuentran en Ixmiquilpan.

Debe resaltarse que en vista de la magnitud demográfica y social de El Maye en relación al reducido núcleo de investigación, se optó por estudiar solamente el barrio central del pueblo.

*El Nith.* Al igual que El Maye se trata de un pueblo aledaño a Ixmiquilpan, pero se encuentra ubicado a una mayor distancia de aquél (4 km). Dispone el pueblo de tierras de riego, aunque en menor proporción que El Maye y además son en general de más baja calidad. Además operan talleres artesanales de cobijas y objetos de madera incrustada de concha nácar. La influencia de Ixmiquilpan es igualmente poderosa, pero contrasta el hecho de que una menor proporción de sus pobladores trabajan en dicha ciudad. No menos importante es la evidencia de signos de pobreza más marcados que en El Maye, en lo que influye la reducida disponibilidad de tierras con riego.

*San Agustín*, municipio de Alfajayucan, Hidalgo. El pueblo dispone de un viejo y pequeño sistema de riego que beneficia a una fracción de las escasas tierras agrícolas de la comunidad. Las actividades locales se limitan a las agrícolas y de pequeña ganadería. Una parte de la población activa trabaja fuera del pueblo ya que en su interior es difícil encontrar ocupación remunerada. La proporción de familias agropecuarias que practican las formas del autoconsumo (las cuales no logran la autosuficiencia) es elevada. Los signos de miseria son más abundantes que en El Maye y El Nith, al igual que las expresiones de formas comunales de organización campesina. La monetización de las transacciones es baja. Los rasgos de formas indígenas de organización social son diversos mas no dominantes.

*Santuario*, municipio de Cardonal. Se localiza en las faldas de la sierra que limita al Valle del Mezquital en su costado oriental. Las tierras disponibles son quebradas, secas, de pronunciada inclinación, sin riego y con escasa precipitación pluvial. En épocas pasadas se practicó la minería en algunos yacimientos que en la actualidad no son económicamente explotables. La importancia del pueblo en el pasado surgió por ser paso de las recuas que hacían la comunicación y el transporte entre el Valle del Mezquital y regiones de Puebla y Veracruz. Gracias a esta actividad surgió tanto un comercio de cierta importancia como la construcción del Santuario que le da nombre. El mercado fue de relevancia regional hasta la construcción de caminos apropiados para el paso de automotores que arruinaron a la arriería entre la costa del golfo de México y el altiplano. Junto con la ruina por este desvío del transporte, se estableció una comunicación más intensa con Ixmiquilpan (distante 25 kilómetros). La declinación de Santuario llegó al grado de que el pueblo vecino de Cardonal cuenta ahora con un mercado mayor. La actividad central en Santuario es la artesanal que consiste en la forja de herramientas agrícolas, y la producción de cobijas. Casi todos los insumos para estas labores son adquiridos en otros pueblos. Sólo una parte de la lana para cobijas y del carbón vegetal para la forja, se producen localmente. La agricultura es sólo de autoconsumo sin satisfacer más allá de un décimo de las necesidades. Se encuentran rasgos indígenas y campesinos de organización social. Una parte considerable de los trabajadores jóvenes laboran en otros pueblos vecinos o emigran en busca de ocupaciones remuneradas.

Resaltan en el paisaje del pueblo, aparte de la iglesia y los talleres de herrería, los edificios escolares, no sólo por su arquitectura diferente sino por su número. También en la economía local los ingresos regulares del profesorado tienen elevada importancia. Otro ingreso de importancia es el proveniente de las fiestas religiosas que anualmente se celebran.

## 3. LA CUESTIÓN DE LA ARTICULACIÓN DE MODOS DE PRODUCCIÓN A NIVEL DE LA COMUNIDAD

La delimitación conceptual de la categoría modo de producción, de los problemas de su estudio en la realidad y de la posible coexistencia articulada entre varios se efectuó mediante un esfuerzo de discusión. Sin embargo, no se limitó a una argumentación teórica sino que al mismo tiempo se relacionó ésta con las formas de producción que se practican en las comunidades bajo estudio.

La cuestión planteada remite a grandes problemas teóricos y metodológicos. Los más se refieren a la aplicación de las concepciones que se refieren a leyes de tendencias históricas de largo plazo con la investigación de la realidad que se enmarca en éstas. Uno de estos aspectos consiste en la transición de modos de producción y la articulación entre éstos. En efecto, todo modo está en transición y contiene rasgos de anteriores y componentes del futuro.[1] Sin embargo, la transición de uno a otro modo, que requiere un plazo extenso (de siglos), es el período en que tiene lugar la articulación. En un análisis histórico de la transición se observaría la articulación y su cambio a lo largo de períodos que comprenderían largos años.

El problema es algo diferente cuando lo que se examina es un instante en la vida de una sociedad. La apreciación sobre la posible articulación de modos de producción hará por necesidad referencia a las evidencias precisas sobre la existencia de modos

---

[1] N. Bujarin, *Teoría del materialismo histórico*, Cuadernos de Pasado y Presente 31, México, 1981, p. 249.

de producción (y del predominio de uno de ellos),
o de elementos de éstos.[2] La caracterización de cada
momento histórico será resultado del examen cui-
dadoso que revele la expresión coyuntural de la articulación de modos de producción (en el caso de
existir varios) y de la gran diversidad de otros aspectos, todo ello producto de tendencias históricas.
En cambio en el estudio de las tendencias la caracterización de la articulación debe efectuarse también
como tendencia, lo que impone que se tomen en
consideración diferentes criterios de apreciación.
En este sentido resalta también el hecho de que la
importancia relativa de las diversas categorías en
la explicación del fenómeno social puede ser diferente en la apreciación de la coyuntura y de la tendencia.

Para nuestro problema de investigación la apreciación de la articulación es de tipo coyuntural,
pero considerada ésta como resultado de las tendencias estructurales. El estudio en la realidad de
esa posible articulación conduce a la delimitación
de dos hipótesis alternativas de trabajo:

a. *La primera hipótesis* propone que en México
existan en la actualidad diversos modos de producción y que estén articulados. El supuesto central
consiste en la coexistencia dinámica e interdepen-
diente de dos o más modos de producción donde
uno (en este caso el capitalista) es el dominante.

Se asume en esta hipótesis que el proceso de construcción del capitalismo no se ha completado en la
sociedad bajo estudio, ya sea que esté detenido o se
encuentre en evolución. Esto determinará la presencia y persistencia de rasgos, estructuras y funciones
de otros modos de producción. La participación de
estos otros modos en la reproducción de la comu-

---

[2] S. Amin, *Categorías y leyes fundamentales del capitalismo*, Nuestro Tiempo, México, 1973, p. 18.

nidad y en los procesos de transformación de la misma puede ser de muy diversa importancia y forma. Por tal razón será igualmente diferente su peso en la determinación de la vida de la comunidad y en esta medida también lo es en la determinación del carácter del desarrollo capitalista y del subdesarrollo, en su caso.

El ejemplo común en la literatura afín a esta hipótesis es el dominio del modo de producción capitalista y los precapitalistas (mercantil simple y otros) como subordinados.[3] La teoría de la articulación propone que a la reproducción de la sociedad colaboran en diversa forma los componentes y procesos productivos, sociales y políticos de uno u otro modo, constituyendo una totalidad. Es decir, que la interdependencia entre los diversos modos es de tal naturaleza que no sólo sustenta la reproducción del dominante sino también de los subordinados así como de la relación entre ellos (la articulación).

b. *La segunda hipótesis* propone la existencia actual en México de un solo modo de producción con expresiones particulares en diversas regiones según el grado de desarrollo alcanzado en ellas. La presencia de relaciones de producción, formas de organización de la producción o rasgos arcaicos culturales que no corresponden en plenitud a los de las relaciones capitalistas son algunos de los factores que imprimen un carácter peculiar al desarrollo capitalista, ya sean importantes elementos estructurales no capitalistas de grandes núcleos sociales organizados para la producción en formas no empresariales (campesinos por ejemplo), ya rasgos que imponen vías capitalistas diferentes: por ejemplo la persistencia del pequeño productor agrícola francés

---

[3] Véase S. Amin, *op. cit.*, así como P.-P. Rey, *Las alianzas de clases*, Siglo XXI, México, 1976.

en comparación con las tendencias a la concentración capitalista en otros países.

La hipótesis se basa principalmente en el criterio de que el carácter y extensión de un modo de producción se define por el desarrollo de las fuerzas productivas y de las relaciones de producción y por la forma como sucede la reproducción del modo de producción como conjunto, incluyendo la creación y acción de una superestructura propia.

A este respecto resalta el hecho de que el nivel de agregación social que se requiere para que tenga lugar la reproducción del modo de producción es característico de cada uno de éstos. En el caso del capitalismo dicha reproducción rebasa con mucho los límites de una comunidad y aún los de una región de un país.[4]

En esta hipótesis la articulación no se propone entre modos sino entre relaciones de producción (que pueden ser de diverso contenido) que forman parte de un solo modo de producción. Los rasgos y componentes no capitalistas son integrados por diversas vías a la reproducción ampliada del capitalismo (comercio, transferencias de excedente y trabajo, relaciones ideológicas, soporte a las estructuras locales de poder y al Estado, etc.). Es decir, se propone que hay un solo modo de producción en la actualidad en México, que es el capitalista, y una sola superestructura nacional, un solo Estado. Pero hay diversas formas de relaciones de producción.

El intento de constatación de estas hipótesis convierte en central el problema de los medios instrumentales apropiados para examinar a nivel de comunidad los mecanismos de reproducción de el o

[4] Véase S. de la Peña, *El modo de producción capitalista. Teoría y método de investigación*, Siglo XXI, México, 1978.

los modos de producción. Precisamente esta consideración sobre los mecanismos y maneras de reproducción del modo de producción fue un elemento que debió tomarse en cuenta en la solución teórica y metodológica para examinar y determinar cuál hipótesis era la correcta para la caracterización y conceptualización de la comunidad campesina y la apreciación del problema global del subdesarrollo. En efecto, el examen de la manera como se reproduce el modo de producción constituye un camino metodológico que permite la solución del problema de constatar si existen varios modos o uno solo en las comunidades, y las vinculaciones de éstas a nivel nacional.

Se consideró que la vía más sencilla de apreciación de estas cuestiones consiste en determinar de las relaciones económicas y sociales internas y externas por medio de las cuales la comunidad se reproduce y sobrevive.

El resultado de un análisis de esta naturaleza, en el caso de El Maye, era por demás previsible en vista de que la comunidad se caracteriza (y por eso se seleccionó) por operar dentro de relaciones de estrecha interdependencia comercial con el resto del país, de elevado uso de trabajo asalariado en sus procesos productivos, y con un alto grado de monetización de sus transacciones internas. Además revela una vinculación intensa con Ixmiquilpan a través del trabajo asalariado en esta ciudad de una parte de los adultos de El Maye.

En cambio en Santuario, El Nith y San Agustín se estimó que se evidenciaría la presencia de modos diversos en una determinada relación con el capitalista, en el caso de estar presentes otros modos. Así una parte del problema residió en la determinación del grado y forma en que la vida interna de cada comunidad está relacionada con el sistema capitalista y depende de éste para su reproducción o tiene autonomía para operar según modos no capitalistas. Este examen se asocia, en el nivel global, con la apreciación de algunos indicadores como son el grado de monetización de las transacciones, el destino de la producción y de los excedentes, el origen de los satisfactores, la fuente del ingreso de la comunidad y los procesos de acumulación, entre otros.

Para apreciar algunas de estas cuestiones y su importancia relativa se emprendió un esfuerzo de examen cualitativo y cuantitativo. La magnitud de algunas vinculaciones era un dato esencial. Para lograr un primer acercamiento a estas cuestiones se recurrió a una categoría global que indique el nivel general de actividad, que es el producto comunal.

La definición de producto bruto comunal que se eligió corresponde al de la generación de valor por el trabajo aplicado a la producción y distribución de mercancías y de servicios remunerados, más el resultado neto del pago a factores del exterior (ingresos por trabajo y capital recibidos menos pagos). Es decir, elimina del cálculo la parte del trabajo útil que se aplica a la producción de bienes que no están destinados al intercambio, o sea los de autoconsumo, al igual que los servicios no retribuidos (trabajo doméstico, familiar, etc.), lo que se convierte en un indicador de la importancia de la esfera capitalista.

Como podrá observarse la definición de producto corresponde a la utilizada en el sistema internacional de contabilidad social que se aplica en los países capitalistas según las convenciones de la Organización de las Naciones Unidas.[5] Difiere de la definición marxista de valor en varios aspectos principales. Uno se refiere a que aquélla incluye una diversidad de actividades que según la concepción marxista no crean valor (son improductivas,

[5] Véanse ONU, *Sistema de cuentas nacionales y sus correspondientes cuadros estadísticos*, Nueva York, 1953, así como ONU, *Un sistema de cuentas nacionales*, Nueva York, 1970.

pero no necesariamente inútiles), tales como parte del comercio, de la actividad bancaria y del gobierno, servicios personales, etc. Otra, que es la diferencia más importante, consiste en el concepto mismo de valor que se utiliza en uno u otro enfoque, lo que se refleja, entre otros aspectos, en la consideración ya señalada de la calificación de ser productivas o improductivas diversas actividades. La concepción marxista del valor toma como punto de partida la teoría clasista del valor-trabajo (en su sentido de relación), pero la corrige en cuanto a incorporar el concepto de plusvalía y en cuanto a establecer la diferencia entre el valor del trabajo y el de la fuerza de trabajo. Además afirma que el valor corresponde al tiempo de trabajo, pero no cualquiera sino el socialmente necesario para la producción de cada tipo de bien. Su delimitación es objetiva por crearse en la esfera productiva y sólo realizarse en la distributiva.

El Sistema de Contabilidad Social, por lo contrario, considera que el valor agregado es igual a la suma de sueldos, salarios y utilidades. Esto se explica porque se asume implícitamente que el valor de cambio (precio) de los bienes y servicios se fija en cada caso e instante por la relación oferta-demada que a su vez resulta de la confrontación entre la producción y la valoración del consumidor (utilidad subjetiva) de cada bien o servicio. De esta forma se considera que la determinación del valor (precio) de los bienes y servicios tiene lugar en la esfera de la circulación en base a los factores subjetivos de la decisión de los consumidores que crean la demanda. Pero también resulta que la suma de la demanda final (venta total de valores menos venta de valores para insumos) es igual a la suma de los ingresos del trabajo y capital (valores totales producidos menos insumos utilizados). O sea que el valor agregado se contabiliza, del lado de la oferta, como la suma de ventas de bienes para uso final (demanda final), o del lado de los gastos para la producción, como la suma de sueldos, salarios y utilidades brutas.

El colectivo de investigación evaluó la idea de efectuar el cálculo, así fuese aproximado, del producto según las definiciones marxistas. Sin embargo, las posibilidades de realizarlo probaron ser nulas por cuanto para ello se requiere la determinación de los valores unitarios nacionales del valor (la media nacional) según ramas de actividad, tecnología y productividad del trabajo (disgregado según habilidades) que permitiesen calcular las aportaciones locales al valor nacional. Para esto último es necesario, además, establecer las diferencias de la productividad comunal con respecto a la nacional a fin de ponderar el tiempo de trabajo aplicado y "traducirlo" a la referencia nacional. La imposibilidad de disponer de estos valores unitarios que permitiesen calcular el valor nacional, las medias por actividad y la aportación de la comunidad por tipo de producto, según horas trabajadas a nivel local, frustró esos esfuerzos.

La opción metodológica y conceptual para el cálculo del producto tuvo que ser la del sistema de la Organización de las Naciones Unidas. Se tomó en cuenta que la información cuantitativa que se obtiene es un indicador de la magnitud y desarrollo de las fuerzas productivas dentro de formas capitalistas de producción. El producto interno bruto de la comunidad, resultado de la suma de sueldos, salarios y utilidades de un año (en forma monetaria), junto con otros indicadores complementarios, permite apreciar el grado de avance de la producción y de las transacciones monetarias correspondientes. Desde luego en la apreciación de la monetización de las transacciones y el desarrollo capitalista se debe considerar que en el subdesarrollo la relación tiende a ser menor no sólo por la presencia de formas no empresariales de explotación sino

también por el peso de la elevada desocupación y
subocupación del trabajo.[6]
El producto sirve, por lo tanto, como indicador
del grado de integración de las comunidades a las
relaciones regionales y nacionales capitalistas y de
la organización interna de procesos productivos y
relaciones sociales de este tipo. Así los datos obtenidos son útiles a nuestros propósitos en cuanto a

CUADRO 1
PRODUCTO BRUTO DE CUATRO COMUNIDADES
SEGÚN PRINCIPALES SECTORES DE ACTIVIDAD
ECONÓMICA (1973-1975)[a]
(*miles de pesos corrientes*)

| Sectores | Santuario* 1973 | El Maye* 1973 | San Agustín 1974 | El Nith* 1975 |
|---|---|---|---|---|
| PB TOTAL | *1 110* | *1 775* | *668* | *1 899* |
| Producto inter-no bruto | 873 | 1 465 | 444 | 1 838 |
| Agropecuario[a] | 1 | 587 | 284 | 530 |
| Manufacturas | 444 | 20 | 6 | 409 |
| Construcción | 16 | 25 | 12 | 257 |
| Agua, gas y energía eléctrica | 21 | 45 | 15 | 142 |
| Servicios[b] | 391 | 788 | 127 | 500 |
| Ingreso neto de factores en el exterior | 237 | 310 | 224 | 61 |

FUENTE: Investigación directa.
* Barrios centrales.
a No incluye agricultura de autoconsumo.
b Comprende servicios personales, gobierno (incluso educación), comercio, transporte y otros.

6 En el país se reportó que en 1970 el 37% de la población en edad activa estaba dedicada a quehaceres domésticos no remunerados y sólo el 44% era económicamente activa, siendo el 19% restante estudiantes e incapa-
citados. La subocupación se estima hasta en 40% de la
PEA ocupada y la desocupación abierta ha llegado en años
recientes al 15%.

CUADRO 2

COMPOSICIÓN DEL PRODUCTO BRUTO DE CUATRO COMUNIDADES
(*en porcentajes*)

| Sectores | Santuario* 1973 | El Maye* 1973 | San Agustín 1974 | El Nith* 1975 |
|---|---|---|---|---|
| PB TOTAL | 100 | 100 | 100 | 100 |
| Agropecuario | — | 33 | 43 | 28 |
| Manufacturas | 40 | 1 | 1 | 22 |
| Construcción | 1 | 1 | 2 | 14 |
| Agua, gas y energía eléctrica | 2 | 3 | 2 | 7 |
| Servicios | 35 | 44 | 19 | 26 |
| Ingreso neto de factores en el exterior | 22 | 18 | 33 | 3 |

FUENTE: Cuadro 1.
\* Barrios centrales.

la constatación de la segunda hipótesis de las plan-
teadas en lo que se refiere a la articulación de modos de producción. En efecto, sirven tanto para
apreciar el grado del desarrollo capitalista de las
fuerzas productivas considerando el nivel del producto y su composición, según actividades, como de
la monetización de las transacciones. El resultado
esperado consiste en que a un alto grado de avance
de las relaciones capitalistas corresponderá un re-
troceso correlativo de formas no capitalistas. Para
constatar esta última apreciación se llevaron a cabo
otras exploraciones que más adelante se detallan.
Por ahora veremos los resultados del cálculo del producto en las cuatro comunidades entre 1973 y 1975
(véanse cuadros 1 y 2).

Los cuadros anteriores se deben completar con la
consideración de la población total que genera ese
producto y la que principalmente se sustenta en el
mismo. En rigor se sustenta la población sobre la
disponibilidad final de bienes y servicios, que es

igual al producto más "importaciones" menos "exportaciones" de la comunidad al resto del país o al exterior. No fue posible calcular estos valores, pero se estima que el producto contribuye con la parte principal de esa disponibilidad final de bienes y servicios.

Sin embargo, antes de referirnos a esta relación debe resaltarse que en el cuadro 2 se significa la evidencia de que todas las comunidades tienen vinculaciones capitalistas importantes con el resto de la economía nacional. Ese indicio consiste en el gran peso que tienen los ingresos netos de factores del exterior en el producto bruto de todas las comunidades que va desde 18% del PB en el caso de El Maye, hasta 33% en el caso de San Agustín. Debe aclararse que el dato de El Nith (3% del PB es aportado por factores en el exterior) se considera subvaluado. Después regresaremos a esta información a fin de apreciar con mayor exactitud el significado de dicha relación incluyendo el origen y destino del excedente de cada comunidad con el exterior.

También resalta la ausencia virtual de producción agropecuaria comercializada en el caso de Santuario, pese a que, como se verá más adelante, es la actividad que en dicha comunidad absorbe mayor proporción de la población activa. Esto se debe a que en este pueblo la producción obtenida, de todas formas escasa, tiene en casi su totalidad el carácter de autoconsumo, excepto la venta de reducidas cantidades de piñones obtenidos de un pequeño bosque de la comunidad, así como la eventual venta de ganado menor (gallinas, cerdos o chivos). En las demás comunidades el autoconsumo es también elevado, pero a diferencia de Santuario se obtienen excedentes de este tipo de productos. A estos excedentes se suma la producción de otros cultivos agrícolas de carácter plenamente comercial, que es de diferente importancia en cada una de las otras tres comunidades. Debe resaltarse que estas comunidades cuentan con tierras agrícolas parcialmente irrigadas, y en general, con mejores recursos naturales que Santuario.

Vemos en los cuadros 3 y 4 que existe una relación estrecha entre la escasez de tierras de riego y la proporción del autoconsumo con respecto a la producción comercial. Esta relación, constatable en todo el país, es particularmente intensa en el Valle del

CUADRO 3
PRODUCCIÓN AGROPECUARIA COMERCIAL Y DE AUTOCONSUMO
(miles de pesos)

| Sectores | Santuario* 1973 | El Maye* 1973 | San Agustín 1974 | El Nith* 1975 |
|---|---|---|---|---|
| Comercial | 1 | 587 | 284 | 530 |
| De autoconsumo (imputado) a | 87 | 179 | 183 | 131 |
| Relación 2/1 | 87.00 | 0.30 | 0.64 | 0.25 |

FUENTE: Investigación directa.
   a El cálculo del valor imputado de la producción para autoconsumo tiene sólo un sentido comparativo ya que los conceptos de valor, precio, salario y ganancia en este tipo de producción no son aplicables.
   * Barrios centrales.

CUADRO 4
TIERRAS CULTIVADAS
(hectáreas)

| Sectores | Santuario* 1973 | El Maye* 1973 | San Agustín 1974 | El Nith* 1975 |
|---|---|---|---|---|
| De riego o humedad | 0 | 61 | 86 | 69 |
| De temporal | 39 | 0 | 151 | 4 |

FUENTE: Investigación directa.
   * Barrios centrales.

Mezquital debido a que las tierras de temporal son prácticamente estériles ya que las lluvias son casi nulas. La escasa producción obtenida se consume por la familia, pero usualmente ni siquiera es suficiente para el consumo. Desde luego se constata también una alta correlación entre la disponibilidad de tierras de riego y el uso intenso de insumos industriales (fertilizantes, insecticidas), así como la utilización de maquinaria para el cultivo y el alquiler de mano de obra adicional a la familiar para ejecutar diversos aspectos del proceso productivo.

Volviendo a los cuadros 1 y 2 resalta el gran peso que tienen las manufacturas en el producto total de Santuario y El Nith. Esto es debido a que en el primer caso dispone de forjas donde se producen herramientas agrícolas, de las que existe una demanda regional, así como de telares rudimentarios que producen cobijas de lana que usualmente se venden en el mercado de Ixmiquilpan. En el caso de El Nith las aportaciones manufactureras al producto provienen de talleres artesanales que elaboran objetos pequeños de madera incrustada con concha nácar (miniaturas de instrumentos musicales, espejos de mano, etc.), así como de los telares que al igual que los de Santuario producen cobijas que se venden en la región. En el caso de los productos de madera con incrustaciones su mercado es nacional y de exportación.

Sin embargo, no deben confundir estos datos y sugerir que se trata de pueblos que se encuentran en un proceso de industrialización, pese a que en ellos del 20% al 40% del PB es generado en manufacturas. Se trata, aun en el mejor de los casos, de comunidades pobres en las que una parte de sus fuerzas potenciales productivas están desperdiciadas por la falta de posibilidades de ocupación productiva. Por esto la presencia de algunos talleres artesanales que ocupan una fracción reducida de la mano de obra los hace aparecer como importantes centros productivos de manufacturas. En realidad, en el caso de El Nith sólo operan 6 talleres de incrustaciones con 35 personas ocupadas, más 17 telares en los que trabajan 33 personas. En Santuario son 27 talleres de herrería con 57 personas ocupadas y 17 telares de cobijas con 35 personas ocupadas. Y en el caso de Santuario no sólo se trata de un pequeño conjunto de talleres de tipo artesanal sino que hay indicios de que la producción de herramientas y de cobijas está siendo desplazada por productos industriales similares de menor precio y a veces de mejor calidad (machetes, rastrillos y coas de acero). De hecho el mercado de las herramientas de Santuario es altamente especializado y además es reducido. Persiste su producción por consistir de instrumentos de diseño especial para la explotación de maguey, y en algunos casos por lograr un producto más barato que los industriales a base de la miseria de trabajadores y productores, mas no de elevar su productividad.

En todas las comunidades los servicios tienen una gran importancia real en cuanto ocupación e ingresos generados, y por lo tanto, en cuanto al producto, excepto en San Agustín. En esas actividades resaltan por su importancia relativa el comercio y transporte así como los servicios educativos. Esto es un indicador del proceso de "terciarización" que resulta de la paradójica combinación a nivel regional y nacional de una elevada desocupación y pobreza en relación a las capacidades potenciales de la fuerza de trabajo, con la disponibilidad de crecientes excedentes productivos. Éstos se aplican a la acumulación en servicios con lo que, a través del consumo, la población ayuda a la vital realización social de la plusvalía. Éste fenómeno, particularmente intenso en los países subdesarrollados, se repite a nivel local.

Además es de gran importancia el que una gran proporción del producto en servicios se genera a su vez en los de carácter educativo en estas comunidades (86% en San Agustín, 78% en Santuario, 29% en El Nith y 23% en El Maye). Esto de nuevo se relaciona con la pobreza de las comunidades y, por lo mismo, con el peso elevado que tiene la escuela, no sólo como institución educativa e ideológica sino también en cuanto a ser un centro de trabajo en donde los ingresos devengados por los profesores son regulares y relativamente elevados. En efecto, a pesar de que los niveles de sueldos de los profesores son apenas superiores al mínimo vital en todo el país (lo que indica la valoración social baja que se atribuye a la labor educativa) resultan elevados en comunidades como las estudiadas. Se puede afirmar que en la estratificación según ingresos los profesores se encuentran después de los comerciantes principales y del grupo de productores-empresarios de ingresos más elevados, como son algunos agricultores y dueños de talleres más importantes.

Otro punto relevante de este aspecto, por lo que hace a nuestro objetivo, consiste en que la fuente de los ingresos de este grupo de profesores es ex-

CUADRO 5
PRODUCTO POR HABITANTE EN CUATRO COMUNIDADES

| Sectores | Santuario* 1973 | El Maye* 1973 | San Agustín 1974 | El Nith* 1975 |
|---|---|---|---|---|
| PB total (miles de pesos) | 1 100 | 1 775 | 668 | 1 899 |
| Población total | 595 | 735 | 508 | 539 |
| Población (económicamente activa) | 138 | 241 | 300 | 180 |
| PB por habitante (pesos) | 1 866 | 2 415 | 1 315 | 3 523 |
| Productividad (PB/PEA) (pesos) | 8 043 | 7 365 | 2 227 | 10 550 |

FUENTE: Investigación directa.
* Barrios centrales.

terna (los paga la Federación o el gobierno del Estado de Hidalgo), y además la mayoría del profesorado es de fuera de las comunidades. Es decir, se trata en rigor de trabajadores de la educación que están temporalmente radicados en la comunidad y cuyo ingreso externo colabora a la reproducción de ésta en cuanto a que es una aportación a la capacidad de la comunidad de compra de productos y de servicios del exterior.

En el cuadro anterior se observa que la expresión global de las consideraciones anteriores sobre las particularidades de las comunidades estudiadas establece el rango mayor para El Ninth en lo que se refiere a producto por habitante y productividad, y el último para San Agustín en ambos indicadores. Este resultado no corresponde a la expectativa de las operaciones preliminares que suponían el primer lugar para El Maye y el último para Santuario. Para evaluar estos resultados debe recordarse que el producto por habitante es un indicador del nivel promedio de producción capitalista y de satisfactores, y que la productividad indica el nivel promedio de la eficacia en el uso (y desarrollo) de las fuerzas productivas puestas en acción por el capital.

A fin de tener un punto de referencia más claro de la situación general de las comunidades se pueden considerar los datos nacionales de estos indicadores. Por lo que hace al producto por habitante en el conjunto nacional, que es modesto en términos internacionales, fue de $16 640 en 1975 ($11 030 en 1973). Esto nos permite apreciar el abismo de miseria de èstos pueblos, ya que en el mejor de los casos (El Maye) el dato es apenas una sexta parte del nacional. Con todos los defectos del indicador, es insoslayable la evidencia del hecho principal que es la gran desventaja en términos nacionales de los pueblos del Valle del Mezquital en cuanto a su situación material.

También de significación es la comparación de

la productividad. El promedio nacional en 1975 se estima que fue de $ 65 000 por persona que forma parte de la PEA. Este dato que mide el grado de intensidad y eficacia en el uso de las fuerzas productivas por el capital en México, también modesto en relación a los países capitalistas desarrollados, señala el abismo de atraso de las comunidades estudiadas. En efecto, en el mejor de los casos (El Nith) la productividad es también alrededor de un sexto de la nacional. Ello indica con claridad que dentro de las condiciones capitalistas solamente a través de una intensificación de la explotación podría elevarse el nivel de bienestar de la población, o mediante un grande y exitoso esfuerzo pcr transformar la producción y consumo en procesos colectivos.

Por lo que se refiere a la comparación entre las comunidades las conclusiones son similares a la establecida entre el conjunto de éstas y el nivel nacional. Sin embargo, los resultados guardan ciertas diferencias con respecto a los supuestos y previsiones iniciales.

De acuerdo con el indicador de producto por habitante Santuario resulta mejor situado que San Agustín, contrariamente al pronóstico sustentado en las apreciaciones preliminares. Y resalta aún más este resultado inesperado en cuanto al indicador de productividad, ya que en ese caso Santuario sólo es rebasado por El Nith. Además está el hecho de que la distancia relativa del indicador de productividad entre estas dos comunidades es marcadamente menor que en el de producto por habitante: El Nith muestra una productividad 31% mayor que la de Santuario, y un producto por habitante 89% superior; véase el cuadro 5.

Los factores que determinan en comunidades tan pequeñas los resultados anteriores son principalmente las actividades manufactureras, el peso relativo de los servicios educativos y la ocupación de trabajadores fuera de las comunidades (véase de nuevo el cuadro 1). Estos resultados en el caso de Santuario son aún más contrastados con las expectativas alimentadas por la apreciación visual, considerando que el producto agrícola es prácticamente nulo por no disponer de tierras adecuadas de temporal o riego, aunque la actividad agropecuaria absorbe grandes esfuerzos de los labradores. Es decir, se esperaba que el orden de posiciones en los indicadores de producto por habitante (disponibilidad de satisfactores adquiridos con ingresos generados en las actividades capitalistas) y en la productividad (intensidad en el uso de fuerzas productivas por el capital) correspondiese a la consignada con la descripción de las comunidades: en primer lugar El Maye, luego El Nith y San Agustín, y al final Santuario.

La diferencia en el rango de las comunidades según producto por habitante y según productividad se explica en parte por la diferencia en la composición del producto (la mayor importancia de las manufacturas en el caso de Santuario y El Nith), pero también por la relación entre personas productivas y otras (dependientes e improductivas). Así la mayor productividad en Santuario que en El Maye, resulta en un producto por habitante menor debido a que la relación entre PEA y población total es también menor.

Una conclusión preliminar de este conjunto de elementos de juicio consiste en que los indicios que sugerían la diferencia en el grado de avance capitalista en las comunidades, en contra de Santuario y San Agustín y a favor de El Maye y El Nith, y la posibilidad de la articulación de modos de producción no capitalistas con el capitalista, deben confrontarse con una información más orientada hacia la forma de reproducción de las comunidades. O sea, los indicadores globales sugieren que existen condiciones capitalistas más poderosas que las supuestas, pero su información resulta insuficiente para sustentar una conclusión definitiva a este respecto. Y no sólo esto, sino que sugieren la invalidación de diversos supuestos e ideas preliminares acerca del grado y forma del desarrollo capitalista de las comunidades, lo que nos lleva a replantear a otro nivel la discusión.

Conviene introducir en la argumentación global sobre el carácter de las comunidades y el modo o modos de producción existentes, la cuestión de la superestructura y particularmente del Estado.

Se debe recordar que el modo de producción no se refiere solamente a los procesos productivos, su manera de organizarlos, sus resultados, la forma y vías de consumo de los bienes obtenidos, sino también a la manera de organización de la sociedad y a la creación de elementos ideológicos, administrativos, normas y reglamentos y organizaciones sociales para asegurar que ese modo de producción persista. Y por lo tanto, también el dominio de la clase beneficiaria de esta forma de producir.

En la teoría de la transición de los modos de producción está poco investigada la cuestión de transformación que sufre el Estado en la medida que se implanta como dominante el capitalismo. Sobre todo se encuentra poco estudiado el proceso de disolución de las formas estatales o de poder previas, y su gradual o repentina transformación, adaptación o destrucción para dar paso a la vigencia y construcción del Estado capitalista.

En todo caso debe subrayarse que la existencia de un modo de producción determinado supone por necesidad la presencia e intervención de los elementos fundamentales del mismo, incluyendo no solamente las formas de dominio y explotación de una clase determinada en el proceso productivo sino también los elementos esenciales para imponerlos. Es así que debe esperarse que las evidencias de la existencia de un modo de producción consistan no sólo en que se encuentren formas de organización de la producción propias de ese modo de producir, sino también las clases dominantes y dominadas así como las estructuras de poder, de administración e ideológicas que constituyen la esencia de su Estado.

En nuestro objeto de estudio nos enfrentamos con evidencias de que hay dos estructuras de poder que son las tradicionales comunales y las formales del Estado capitalista. Sin duda se distinguen por su forma de organización y de actuación, pero ambas operan para las mismas finalidades de manera estrechamente articulada, que son, los refuerzos del dominio de la clase burguesa a nivel nacional y de sus componentes al nivel regional y local. Lo que distingue en realidad a ambas estructuras consiste en que una es nacional en su organización, sentido e institucionalidad, que se repite en todo el ámbito de poder del Estado, y otra es local, usualmente informal (excepto algunas incorporadas al aparato formal, como ciertos consejos comunitarios y tribunales), que se integra al anterior y le sirve y lo complementa en cuanto a que efectúa funciones de Estado que el primero está imposibilitado para cumplir. El sistema nacional corresponde a la estructura republicana de poderes municipales, estatales y federales institucionalizados por la Constitución, más las estructuras ideológicas y sociales (educación, iglesia, sindicato). El segundo se compone de diversas estructuras, originadas en relaciones de explotación y de poder anteriores. Se han refuncionalizado dentro del capitalismo, ya sean los remanentes de organizaciones comunales (formas de consejos de ancianos, puestos de poder para fines religiosos y ceremoniales, organizaciones para la asignación de derechos al uso de recursos comunales, etc.) y a la reproducción de las formas cacicales de dominación,[7] y a las estructuras familiares.

[7] Véanse los estudios de varios investigadores del pro-

En las comunidades que fueron objeto de estudio se puede constatar que la presencia y predominio de las formas estatales de carácter nacional viene de mucho tiempo atrás, incluso anteriores al surgimiento del Estado del capilalismo pre-industrial. Desde luego no puede olvidarse que la imposición de las formas del estado nacional a nivel local no necesariamente indica su predominio a su interior. Sin embargo, supone que desde su implantación se ejercieron poderes determinantes e influencias de orden extracomunal que se consolidaron junto con la destrucción o adaptación de las anteriores formas de Estado. Este proceso, que es parte de la acumulación originaria, favoreció la transformación necesaria para el avance capitalista, ya fuese éste como proceso de explotación de recursos y trabajo por el capital, ya la sola integración conjunta de la comunidad a los mercados capitalistas de bienes, servicios y trabajo. El Estado usó el soporte de las estructuras locales para asegurar su estabilidad y ayudar a la extensión de las relaciones de explotación capitalistas. Sólo en la medida que se convierten en obstáculos al desarrollo capitalista al no ser adaptables, han sido desplazadas y destruidas.

En una etapa anterior de la historia de México tuvo lugar un proceso de imposición de los dominios del Estado nacional de carácter capitalista sobre la vida local. En dicho proceso pudo introducirse simultáneamente la forma de explotación empresarial del trabajo. Pero también en otros casos sucedió que la expansión del Estado nacional dejó sin alteración aparente las relaciones internas de comunidades, pasando solamente a imponer formas de obtención de excedente y mano de obra a favor del sector capitalista. En las comunidades estudiadas el proceso parece que tuvo lugar por largo tiempo se-

yecto ESTRESIDOM sobre el tema en *Caciquismo y poder político en el México rural*, Siglo XXI, México, 1975.

gún la segunda vía y que sólo después de la consolidación del capitalismo industrial (desde mediados del presente siglo) aparecieron y se multiplicaron las formas empresariales en su interior, dependiendo ello en gran medida del tipo de recursos disponibles, de la localización de las comunidades respecto a las vías de transporte y mercados, y del grado de transformación de las estructuras de la propiedad de la tierra con motivo de la Reforma Agraria a partir de los años treintas.

Cabe aclarar que el dominio capitalista en México lo alcanzaron fuerzas pro-burguesas. Pero esto no supone necesariamente el dominio de la burguesía (como clase objetiva). El dominio de la burguesía sólo tuvo lugar a mediados del presente siglo, cuando esta clase se hace del poder, sin que tampoco signifique la presencia física de burgueses en el aparato del Estado.

En todo caso el proceso de consolidación, primero del Estado nacional capitalista (hace alrededor de un siglo); después del Estado capitalista industrial (en torno a 1950) y del estado del capitalismo monopólico más adelante (mediados de la década 1960-1970) marcaron la destrucción de algunas de las restantes estructuras de poder antagónicas correspondientes a modos de producción anteriores, la adaptación de otras para el ejercicio de sus funciones, y la implantación de elementos del nuevo Estado (aparatos ejecutivos e instituciones nuevos o refuncionalizados de acuerdo con el objetivo de adentrarse en el capitalismo monopolista de Estado).

En rigor la penetración de los elementos de orden global en las comunidades tuvo lugar desde la época colonial por la imposición de autoridades, tributos y circulación monetaria y aportaciones en trabajo, así como por la implantación de nuevas formas de explotación del trabajo (encomiendas, repartimientos y congregas en las haciendas; explotaciones mineras con trabajo que estaba sujeto a salario y también a la relación "a partido"). Los cambios a través de la historia fueron para las comunidades alteraciones siempre externas, pero no menos definitivas en su consecuencia interna, por cuanto nunca se quedaron en cambios puramente superestructurales sino que tuvieron consecuencias en cuanto a las relaciones de producción o fueron precedidos por éstas. Ya fuese la imposición de la religión y el poder clerical, ya rendir obediencia a la República, ya la penetración de la escuela con programas, maestros y soporte nacional, constituyen evidencias del modo de producción dominante nacionalmente. Pero también estos elementos ejercieron su acción transformadora al interior de la comunidad en conjugación con la alteración de las relaciones de producción, de propiedad, de las transacciones comerciales, etcétera.

En la actualidad los componentes formales locales de las estructuras del Estado nacional (municipales, escolares, sanitarias, agrarias, fiscales, monetarias, bancarias, comerciales, etc.) nadie los pone en duda en las comunidades. Además, por lo que se sabe la aceptación de la autoridad extra-comunal ha sido la constante a lo largo de la historia de la sociedad mexicana de clases en sus varios periodos, tal vez con la excepción de algunos momentos durante las luchas revolucionarias y nacionales (Independencia, intervención francesa, Revolución Mexicana).

Es clara la penetración de estas estructuras en la totalidad de la vida comunal como componentes de los procesos productivos y distributivos (riego, crédito, precios de garantía, compra de cosechas por CONASUPO) y elementos superestructurales del Estado (educación, sistema tributario, aparatos administrativos, etc.).

Desde luego hay reservas en la esfera ideológica y aun resistencias, por cuanto persisten elementos de la ideología campesina pre-capitalista que en algunos aspectos se encuentra poco adaptada a las relaciones comerciales y empresariales. Estos elementos dan vida a componentes estatales de origen no capitalista y que se reproducen en algunas comunidades al refuncionalizarse.

En efecto, las estructuras de poder comunales y de caciques que persisten realizan funciones que son necesarias al nivel del Estado y que son ventajosas para el capital (considerado éste no sólo a nivel local sino regional y nacional). El cacique y las organizaciones comunales de poder hacen de canales de relación política, económica y administrativa dentro de la comunidad y entre los diversos niveles, con funciones que las estructuras formales no pueden realizar. Su poder proviene de esta inserción en el modo de producción capitalista, como lo fue en el pasado por su inserción y adaptación dentro de los modos de producción anteriores. Incluye entre sus características la concentración en las mismas personas del poder económico y político, lo que se explica principalmente porque llena funciones que las estructuras formales no cubren. De esta manera las vías de control y de poder pre-capitalista se adaptan en cierto grado a fin de suplir el tejido de las relaciones de poder estatal que el capitalismo no es capaz de construir durante un largo período de su desarrollo inicial. Es sabido que esta limitación de las estructuras estatales formales del capitalismo se repite en todas las sociedades organizadas según este modo de producción. Lo mismo hay caciques en París que en Nueva York, Ixmiquilpan o Santuario. Y en todos lados los personajes que objetivan esas estructuras son de importancia fundamental para la reproducción del capitalismo por cuanto cumplen funciones de estado. La diferencia principal consiste en que en cada caso forman parte de sociedades de historia diferente, de grados de desarrollo diversos. De aquí que el cacique y las es-

tructuras informales de poder guarden necesariamente un correlato en su contenido y forma con el
de las sociedades de las que forman parte. En Nueva York el cacique sirve de puente entre las mafias,
empresas y poder político formal. En el Mezquital
los caciques representan en cierto sentido al capital
y al Estado, pero también al señor de la tierra y a
la comunidad. Por lo mismo en su actuación y contenido están presentes los elementos capitalistas y
campesinos, a los que enlaza en su actuación como
componente del estado.

La argumentación anterior conduce a la conclusión de que el predominio de la superestructura capitalista en los pueblos estudiados es insoslayable.
Es el Estado nacional, con sus aparatos de gobierno,
de ordenamiento y regulación política y económica,
sus medios de difusión ideológica y de recreación de
la misma, de unidad cultural, monetaria, de pagos,
quien está presente ejerciendo un dominio sin competencia por parte de las estructuras no capitalistas.
También es evidente que el Estado nacional capitalista recurre en esos pueblos a las estructuras tradicionales de poder por necesidad para ejercer sus
tareas de dominio y regulación. Sin embargo, no se
puede considerar en forma alguna esta complemen-
tariedad como cesión de esferas de dominio a un Estado local diferente.

La refuncionalización de estructuras de poder tradicionales por el Estado capitalista no es siquiera
equivalente a la formación de un gobierno colonial
en territorios ocupados (imagen que sería grata a los
teóricos de las tesis del colonialismo interno). Se
trata simplemente de la conversión de esas estructuras tradicionales en instrumentos complementarios
de orden menor para el Estado capitalista, pero necesarios, que son subordinados a las estructuras formales estatales. No ejercen ni pretenden autonomía
alguna con respecto a éstas, ni compiten con las
mismas por espacios propios de poder sino que su

función es completarlas y vivir a su amparo. Lo que no significa que estén ausentes las contradicciones. Una de las más importantes, siempre latente, consiste en la tendencia de extender el predominio de las estructuras formales del Estado capitalista a medida que el desarrollo de las fuerzas productivas abre campo al avance democrático, y con ello se clausuran espacios informales.

En efecto, es indudable que la presencia es más intensa y evidente de las estructuras informales de poder en el capitalismo más subdesarrollado. Esto es sólo producto de que el avance en la operación de la democracia burguesa (vale decir, del nivel superior de la lucha entre las clases del capitalismo) va de la mano con el desarrollo capitalista: acumulación, desarrollo de las fuerzas productivas, formación de las clases sociales, su organización, las luchas que, entre otros objetivos, se dirigen a lograr la implantación de los principios democráticos que conllevan, al nivel de instrumentación de aparatos estatales, la demanda de la operación real de las estructuras de poder formales del capitalismo. Con ello se eliminan espacios de poder de estructuras informales y las restantes se adaptan, incluso en su apariencia: el cacique deja la vestimenta campesina, el caballo y la violencia ejercida por él mismo como instrumento de dominio, y se transforma en un cacique moderno que usa auto, teléfonos y la combinación de medios formales e informales de dominio, incluyendo la violencia.

No es menos importante el cambio que se produce al pasar de un nivel a otro de agregación social y de amplitud del poder caciquil. El cacique regional es el eslabón intermedio de este aparato informal de poder estatal con el Estado nacional, así como el cacique local es el eslabón inicial de esta cadena. En cada nivel el tipo de poder del cacique, su contenido y orientación, está poderosamente determinado por la imbricación con el aparato formal. Ambos constituyen así parte del Estado capitalista moderno de México.

Otro conjunto de elementos del capitalismo que actúan nacionalmente son los económicos. De aquí que sea importante considerar en esta apreciación global de la posibilidad de la articulación de modos de producción diferentes, la vinculación general de las comunidades (aquí hablaremos de las comunidades en general del país) al sistema económico nacional. Desde luego se inició con el capitalismo dicha vinculación, la cual está en la base misma de la construcción y de la delimitación de la sociedad en cada momento de su historia.

En la etapa colonial la penetración e imposición de nuevas formas de explotación tuvo lugar junto con la destrucción del poder anterior y de la adaptación de algunos de sus aparatos administrativos a los nuevos objetivos. Las crónicas de los procedimientos de sujeción y explotación abundan en la descripción de estos procesos. Lo importante para nuestra argumentación consiste en señalar que si en la época pre-hispánica la sujeción económica y política era regional para las comunidades, desde la conquista ésta se empezó a extender hasta alcanzar en diversos aspectos a todo el reino. Por ejemplo por lo que hace a tributos, lengua, religión, educación, autoridades. En el aspecto económico poco a poco dominaron la moneda única, se establecieron relaciones comerciales más amplias, se fueron destruyendo elementos de las comunidades al articularlas a la explotación y exacción de plus-trabajo.

En la época independiente, además de los trastornos de importancia nacional que en alguna medida alteraron a las comunidades, se modificó gradualmente la forma de explotación en las haciendas y se amplió el intercambio mercantil y de trabajo. El mercado se enriqueció con importaciones. Los impulsos hacia la integración económica nacional se intensificaron, sobre todo después de la época de la

Restauración de la República. En efecto, durante el
porfirismo la modernización afectó a las comunidades al abrir mercados nacionales y de exportación
a productos cada vez más frecuentemente elaborados
con base en la explotación asalariada del trabajo o
con formas cercanas a ésta. La monetización de las
transacciones era mucho mayor aunque no en todas las regiones circulaba la misma moneda. El crédito, que había sido manejado en un sentido unifi-
cado para todo el país por la iglesia en la época
colonial e independiente, había perdido este carácter con la destrucción de parte del poder económico
del clero. Sólo en forma incipiente se organizaba
el aparato bancario nacional. Los mercados locales
se fueron integrando con mayor intercambio y productos con las corrientes nacionales del comercio. El
movimiento de trabajadores se amplió al multipli-
carse nuevas actividades gracias al flamante sistema
ferroviario.

A partir de la transformación revolucionaria de
las relaciones de producción a nivel nacional los
elementos económicos unificadores del capitalismo
se establecieron correlativamente. Las condiciones
anteriores de vinculación comercial empezaron a
cobrar su forma correspondiente a la etapa del capitalismo industrial y se alteró con ello la vida interna y externa de las comunidades. La circulación
de la moneda única de curso forzoso y la sujeción
a condiciones de precios y mercados, tributaria y
crediticias de carácter general son sólo las facetas
económicas de la vigencia final (desde mediados de
nuestro siglo) del Estado del capitalismo industrial.
La extensión del trabajo asalariado y de los mercados de trabajo integraron a éste a las normas nacionales de fijación del salario. Con la ruptura gradual de la vinculación del trabajador directo con la
tierra se multiplicó el intercambio y las transacciones monetarias.

Desde luego este proceso se refiere a la vinculación capitalista de las comunidades como conjunto. Así al interior de ciertas unidades sociales pueden reproducirse procesos productivos no capitalistas e intercambio no comerciales. No obstante están sujetos tanto al poder del Estado capitalista nacional como a sus condicionamientos económicos en la medida en que tomen parte de la vida social. Solamente en el caso de comunidades ajenas totalmente al país, sin intercambio alguno social, económico o político, podría darse la existencia de un modo de producción no capitalista en su interior. Sería el caso de pueblos desvinculados totalmente del resto del país, lo que de manera alguna es el caso de los pueblos del Valle del Mezquital.

En síntesis los factores unificadores del Estado nacional y de la economía imponen, en la medida en que rigen sobre una comunidad, su integración al modo de producción capitalista, y la destrucción e impedimento para reproducirse cualquier otro en su interior, aunque pueden persistir procesos productivos no capitalistas y rasgos de modos pretéritos. Se podría pensar que tal vez éste es el caso en algunas de las comunidades estudiadas. Este aspecto lo veremos más adelante.

A partir de las consideraciones anteriores se puede afirmar que en los pueblos estudiados y en la región como conjunto, no existen estructuras estatales no capitalistas sino, en el mejor de los casos, componentes de gobierno y dominio provenientes de otras formas de dominio clasista que se han adaptado a las funciones capitalistas y en esta medida son parte del Estado nacional. Son sin duda parte de la articulación entre formas de organización comunales y empresariales, al igual que lo son la organización familiar, las pautas económicas de autoconsumo y otras más. Esto nos permite afirmar que no existe otro modo de producción aparte del capitalista en la región y que en cambio persisten estructuras de modos pretéritos y del dominio colonial que forman ahora parte del modo de producción capitalista.

Esta articulación puede persistir por mucho tiempo. Sin embargo, apunta hacia la transformación que desde épocas anteriores viene sucediendo en el proceso de introducción de formas empresariales de organización de la producción y del reforzamiento constante de los vínculos capitalistas globales de los pueblos. Pero no supone necesariamente que algún día todos los recursos y trabajo estarán enmarcados en formas empresariales de producción, ni la desaparición total de las estructuras informales de poder o de la ideología campesina. Se trata sólo de tendencias generales que tienen resultados según la historia de cada región, y según sus luchas propias.

## 4. LA REPRODUCCIÓN DE LA COMUNIDAD

Uno de los criterios principales que se delinearon a lo largo de la investigación para determinar si había coexistencia o articulación de otros modos de producción con el capitalismo en las comunidades estudiadas, fue el de la reproducción material y social de las mismas. Es decir resultó claro que la manera física y económica de la reproducción de la población, de la organización comunal y familiar del conjunto social que constituye a las comunidades, indicará por necesidad el carácter de la envolvente general que comprende esos factores de la reproducción. Esta envolvente es precisamente el modo de producción, por lo que su estudio es la vía para establecer la coexistencia o no de diversos modos.

Ya se había señalado en páginas anteriores la importante proporción que dentro del producto bruto de las comunidades representan los ingresos netos de factores en el exterior. Éstos son los emolumentos del trabajo y capital recibidos por los habitantes de la comunidad que trabajan fuera de la misma (o cuyos capitales están invertidos fuera de la comunidad), menos las partidas contrarias de los factores del exterior que se encuentran dentro de la comunidad. En el cuadro 2 se observa que esa proporción es mayor en las comunidades que en principio parecen más desfavorecidas con recursos naturales adecuados (Santuario y San Agustín) y que se habían seleccionado suponiendo que en éstas podrían ser más elevadas las probabilidades de que existiesen otros modos de producción, aparte del capitalista.

Lo que deseamos resaltar de la información anterior es el hecho de que una parte importante de los ingresos netos de que disponen las comunidades (sobre todo las más pobres como lo indica su producto por habitante; véase el cuadro 5) proviene de labores remuneradas en el exterior, las cuales son de carácter plenamente capitalista.

El elemento de juicio principal en cuanto a la forma y la reproducción de las comunidades y la posible presencia de formas de producción no capitalistas se alcanza mediante el análisis comparativo de la importancia relativa que tienen los diversos elementos que intervienen en dicha reproducción.

Tenemos por una parte la base material aportada por relaciones capitalisas de la comunidad formada por la producción de este tipo y que se expresa en el producto interno bruto. A esta aportación se suman los ingresos netos de los factores localizados en el exterior y transferencias de otro tipo. Como se puede observar todos estos componentes son las fuentes del total de los fondos monetarios con que cuenta la comunidad para sus transacciones internas y externas de consumo e inversión. Desde luego una parte de la producción interna se vende en el exterior de las comunidades, y también una parte de los satisfactores que consumen provienen de fuera. Cabe resaltar que la demanda principal es la personal y sólo una pequeña fracción se destina a finalidades productivas (de la que una proporción aún más pequeña se aplica a ampliar la acumulación).

Debe considerarse que el valor del producto interno bruto mide al mismo tiempo el valor que ha sido agregado en los bienes y servicios producidos y los ingresos de trabajadores y empresarios. La suma a lo anterior de los ingresos netos de factores de la comunidad en el exterior lo convierte en el producto bruto. Si a este dato se suman las transferencias adicionales (donaciones y otros fondos), se tendrá el total de los ingresos monetarios disponibles por la comunidad para efectuar sus transacciones mercantiles (que incluirá las compras al exterior) así como las contrapartidas de transferencias. Para nuestros objetos de estudio no fue posible distinguir las donaciones y otras transferencias provenientes del exterior, del ingreso por factores de la comunidad en el exterior. Solamente en el caso conspicuo de los desayunos escolares que la Federación entrega en las comunidades se logró delimitar su cuantía, pero en rigor ésta no se puede considerar una donación, sino uno de tantos otros servicios regulares de origen estatal o federal (por ejemplo el de educación, del que el sueldo de profesores se incluyó como el ingreso correspondiente al valor que han agregado).

En realidad estos servicios públicos federales y estatales son en todo caso contrapartidas (equivalentes o desiguales), de los impuestos pagados por la población. El saldo entre el valor monetario de unos y la magnitud de otros señalaría el beneficio neto para la comunidad o para el resto del país, según el caso. Sin embargo, este cómputo no supone que se considere la comunidad como unidad separada y opuesta al resto del país sino solamente serviría para reconocer uno de los múltiples lazos de la relación compleja en que opera aquélla.

En todo caso sería un procedimiento vicioso de origen el considerar como donaciones dichos servicios. Por otra parte resulta poco confiable el cálculo de su valor monetario para estimar el saldo neto a favor o en contra de la comunidad. Por tal razón se optó por limitar el análisis a los aspectos de cálculo más confiable y dejar insoluto el problema del balance de tributos y servicios entre cada comunidad y los gobiernos estatal y federal.

Además de la aportación a la reproducción material de los productos y transacciones monetarias por parte de las actividades claramente identificadas como capitalistas, está la de los procesos no empresariales ni capitalistas que producen bienes

que no se destinan al intercambio. Veremos que
este tipo de producción de autoconsumo no es suficiente para cubrir las necesidades de las familias
que la practican (y mucho menos de la comunidad), sino que deben comprar la mayor parte del
volumen necesario de los bienes de este tipo (maíz,
frijol).

Consideraremos como indicio preliminar de la
existencia de actividades no capitalistas a la presencia de un núcleo de productores de autoconsumo de cierta importancia, ya que al menos su organización productiva interna no corresponde a procesos empresariales ni su objetivo económico es la
creación de mercancías. Este expediente conceptual
permite efectuar una primera comparación de la importancia relativa de los sectores capitalista y no
capitalista en la reproducción material de la comunidad. Desde luego para esto se requiere el artificio
consistente en calcular en términos monetarios el
valor de la producción de autoconsumo. Esto no
tiene validez alguna fuera de la presente comparación, puesto que tal tipo de producción se decide,
gesta y realiza fuera de las consideraciones de costos y precios del trabajo, capital y bienes, y por lo
mismo no son significativas estas categorías. Una
forma alternativa de cálculo para fines de comparación podría consistir en efectuar la estimación del
trabajo en horas en cada tipo de producción. Sin
embargo, el procedimiento sería igualmente artifi-
cioso y mucho más fatigoso, ya que tan incompara-
bles son las horas del trabajo asalariado que produce para el mercado con las del trabajo familiar
que produce para el consumo propio, como los precios efectivos de los productos logrados por el primero y los imputados a los producidos por el segundo.

En el cuadro 6 de la p. 68 se puede apreciar un
resultado notable que consiste en que dentro del hi-
potético total de elementos que explican la repro-

**CUADRO 6**
**FACTORES DE REPRODUCCIÓN DE LA COMUNIDAD**
*(miles de pesos y porcentajes)*

| | Santuario* 1973 | El Maye* 1973 | San Agustín 1974 | El Nith* 1975 |
|---|---|---|---|---|
| Ingresos disponibles | 1 110 (93) | 1 775 (91) | 668 (78) | 1 899 (94) |
| Producto interno | 873 (73) | 1 465 (75) | 444 (52) | 1 838 (91) |
| Transferencias netas recibidas | 237 (20) | 310 (16) | 224 (26) | 61 (3) |
| Autoconsumo[1] | 87 ·· (7) | 179 (9) | 183 (22) | 131 (6) |
| TOTAL con autoconsumo[1] | 1 197 (100) | 1 954 (100) | 851 (100) | 2 030 (100) |

FUENTE: Investigación directa.

[1] Autoconsumo valorado según los precios comerciales. El cálculo y la suma al ingreso monetario se hace solamente con fines de comparación, ya que el valor del autoconsumo no tiene sentido en términos de precios o costos monetarios.

* Barrios centrales.

ducción material de las comunidades, la aportada por el sector no capitalista representa, en los casos extremos, 22% del total en San Agustín y sólo 7% en el de Santuario. En contraste la transferencia de ingresos recibidos representan 26 y 20% respectivamente. Esto permite sustentar la conclusión de que las comunidades tienen como base central de su reproducción material las actividades de carácter comercial (internas y externas) y no las que serían parte de un modo de producción no capitalista, en caso de haberlo.

De acuerdo con estos resultados las comunidades como conjunto deben de calificarse como capitalistas, ya que no sólo están insertadas en los circuitos del comercio capitalista sino que la parte principal de sus actividades internas se organiza según formas capitalistas de producción y los bienes que obtienen se dedican al intercambio mercantil. A esta preponderancia capitalista se debe la elevada monetización de las transacciones que se observa en las comunidades.

Por otra parte no deja de ser inesperado el resultado de que Santuario tenga una proporción de producción no capitalista menor que la encontrada en los otros casos. Sin embargo, es posible que ello se deba explicar en parte por el tipo de recursos disponibles, más que por la magnitud de las fuerzas productivas dedicadas a las labores de autoconsumo. Esta última es en realidad la única medida adecuada de la importancia interna de este sector, aunque no es el indicador más relevante para definir si el autoconsumo es el sector determinante en la reproducción de la comunidad.

En efecto, la producción agropecuaria comercial es prácticamente nula en Santuario debido principalmente a la pobreza de la tierra (véase el cuadro 1). Los mismos factores que explican lo anterior se aplican a las actividades de autoconsumo en cuanto a la importancia real y potencial de su producción. Se ve que a pesar del elevado esfuerzo que se dedica a efectuar estas labores los resultados productivos son magros. En realidad el dato mismo de la producción de autoconsumo de Santuario no permite conocer la gran magnitud del trabajo que ha requerido para lograrse. Puede constatarse que los resultados productivos de esos esfuerzos son en gran medida frustrados por la aridez e inclinación de las tierras (por ser zona montañosa), así como por la casi inexistencia de *humus* de los suelos. En realidad para hacer válida la comparación entre las comunidades a partir de este solo dato tendría que tratarse de tierras de similar calidad, o hacer una ponderación de los resultados de su utilización con base en sus diferentes calidades, que son las determinantes principales en la región de las diferencias en rendimientos que se obtienen. Todo esto explica el que, a pesar de que el sector social dedicado al autoconsumo es mucho mayor en Santuario que en cualquier otra de las comunidades comparadas, la comunidad obtiene una producción de este tipo bastante menor en términos absolutos y relativos.

También del cuadro 6 anterior resalta que en todos los pueblos comparados se practica el autoconsumo, aún en los que se ha alcanzado un mayor avance en los procesos comercializados, como en El Nith y El Maye. Desde luego en estas dos comunidades la proporción de la producción de autoconsumo es baja en relación al total, y por tanto, su importancia como factor de la reproducción comunal también es menor (aportan 9 y 6% respectivamente a su reproducción material). Tal vez más importante es el hecho de que estas labores ocupan una parte menor de tierras y trabajos. Ésta es una observación usual en cuanto a que el autoconsumo tiende a disminuir relativamente a medida que el desarrollo capitalista avanza, pero generalmente no llega a desaparecer por completo. Además se "contamina" de la eficacia productiva del sector capitalista por lo que tiende a reducirse el trabajo, capital y tierras reservadas para este tipo de producción en la medida en que se elevan correlativamente la productividad del trabajo y los rendimientos de la tierra.

La importancia relativa del trabajo dedicado a labores de autoconsumo dentro del total aplicado se encuentra en el cuadro 7 que más adelante se inserta. En él se puede constatar que el número de personas dedicadas en forma exclusiva a labores de autoconsumo en relación al conjunto de la fuerza de trabajo es pequeña en todos los casos, y dentro de esta reducida importancia es en Santuario donde es más elevada la proporción (4%). Desde luego en este dato no se incluye el trabajo adicional e intermitente de autoconsumo. En todo caso la aportación a la reproducción de la comunidad es modesta (7%; véase el cuadro 6).

Además los resultados en cuanto a la capacidad de soporte de dependientes no activos (véanse cuadros 7 y 8) son interesantes para apreciar la importancia relativa de cada tipo de labor (remunerada y de autoconsumo).

En efecto, se puede observar en el cuadro 8 que la aportación del sector de autoconsumo al sostenimiento de la población dependiente es mucho menor en el caso de Santuario que en las otras comunidades. Así, a pesar de que el autoconsumo absorbe una proporción mayor de la fuerza de trabajo resulta que su contribución al soporte del núcleo no activo es modesta ($ 190 por persona dependiente) en comparación con la que se calcula para El Maye y El Nith (más de $ 360) y de San Agustín ($ 875).

Aún más interesante en cuanto a la importancia de las actividades remuneradas para la reproducción de las comunidades es el dato acerca de la frecuencia de las ocupaciones de las personas que trabajan. Este indicador permite apreciar la circulación compleja y estrecha entre las actividades re-

CUADRO 7
FUERZA DE TRABAJO TOTAL Y DEDICADA AL AUTOCONSUMO

| | Santuario* 1973 | | El Maye* 1973 | | San Agustín 1974 | | El Nith* 1975 | |
|---|---|---|---|---|---|---|---|---|
| | Total | % | Total | % | Total | % | Total | % |
| TOTAL a | 302 | 100 | 363 | 100 | 226 | 100 | 298 | 100 |
| Productiva b | 133 | 44 | 159 | 44 | 125 | 55 | 151 | 51 |
| Improductiva c | 110 | 36 | 140 | 38 | 74 | 33 | 112 | 37 |
| Dedicada al autoconsumo | (12) | (4) | (4) | (1) | (1) | (1) | (7) | (2) |
| Servicios y otros | (98) | (32) | (136) | (37) | (73) | (32) | (105) | (35) |
| Inactiva d | 59 | 20 | 64 | 28 | 27 | 12 | 35 | 12 |

FUENTE: Investigación directa.
* Barrios centrales.
a Según definición censal.
b Produce bienes para el intercambio.
c Servicios públicos y personales, doméstico, y que producen para el autoconsumo.
d Estudiantes, dependientes familiares, desocupados.

CUADRO 8
AUTOCONSUMO Y DEPENDIENTES FAMILIARES

|  | Santuario*<br>1973 | El Maye*<br>1973 | San<br>Agustín<br>1974 | El Nith*<br>1975 |
|---|---|---|---|---|
| Autoconsumo<br>(pesos)ᵃ | 87 000 | 179 000 | 183 000 | 131 000 |
| Dependientes<br>familiares<br>(personas) | 457 | 494 | 208 | 359 |
| Autoconsumo/<br>dependientes<br>familiares<br>(pesos/persona) | 190 | 362 | 875 | 365 |

FUENTES: Autoconsumo: cuadro 6.
Dependientes familiares: cuadro 11.
* Barrios centrales.
ᵃ El valor monetario del autoconsumo es el imputado.
Tiene validez solamente para fines comparativos, ya
que son ajenos los conceptos de costos y precios a
este tipo de producción.

muneradas y el núcleo de las dedicadas a labores
de autoconsumo.

Resulta particularmente revelador el que la especialización se eleve en la medida en que las comunidades avanzan en su desarrollo capitalista, tal
como lo muestra el cuadro 9 que a continuación
se inserta.

Se puede observar que en el caso de las comunidades que presentan un grado de desarrollo capitalista más elevado (El Maye y El Nith) la frecuencia de informantes con una sola ocupación es la
mayor, o sea entre 70 y 75%. En cambio en Santuario y en San Agustín, donde la incidencia del
autoconsumo es más elevada, la frecuencia de casos
con más de una ocupación es mayor.

A título de hipótesis se puede proponer que la
explicación a esta tendencia se encuentra en la do-

CUADRO 9

FRECUENCIA DE OCUPACIONES REMUNERADAS Y AUTOCONSUMO

| | Santuario* 1973 | % | El Maye* 1973 | % | San Agustín 1974 | % | El Nith* 1975 | % |
|---|---|---|---|---|---|---|---|---|
| Total población ocupada a | 144 | 100 | 249 | 100 | 235 | 100 | 190b | 100 |
| Una ocupación | 85 | 60 | 186 | 75 | 150 | 64 | 138 | 73 |
| Dos ocupaciones | 48 | 33 | 54 | 22 | 76 | 32 | 44 | 23 |
| Tres o más ocupaciones | 11 | 7 | 9 | 3 | 9 | 4 | 8 | 4 |

FUENTE: Investigación directa.

* Barrios centrales.

a Comprende a toda la población ocupada menos la que tiene como actividad exclusiva las labores domésticas familiares no remuneradas.

b La PEA es de 180, pero aquí se suman 10 menores que trabajan.

ble influencia de la mayor miseria en las comunidades más atrasadas, y la existencia de relaciones de autoconsumo ya planteada. Así en Santuario, por ejemplo, la necesidad de completar por diversas vías los requerimientos de satisfactores materiales, y la elevada subocupación que existe, son factores importantes que estimulan la multiplicidad de las ocupaciones. *Pero la persistencia del autoconsumo como actividad que aporta complementos necesarios, a su vez se explica por la posibilidad de lograr ocupaciones remuneradas que arrojan ingresos, así sean magros.*

Lo anterior no necesariamente significa que en las comunidades atrasadas hay más oportunidades de ocupación. En realidad demuestra que por el grado de miseria, y ante la falta de posibilidades de ocuparse en una sola actividad que permita sostenerse con un ingreso monetario suficiente, se recurre al autoconsumo. Pero no es menos evidente que aun cuando el ingreso obtenido es particularmente escaso, de alguna manera alcanza con el complemento de la producción de autoconsumo para sostener a la familia. Ésta no acaba por abandonar la tierra a pesar de que la miseria es grande. Esto es, la seguridad miserable sigue siendo en esos casos una opción preferible a las inciertas ventajas de la emigración de todo el núcleo familiar, todo ello dentro de acotamientos de una racionalidad económica y familiar que tiene poco que explicarse por la utilidad o la funcionalidad y mucho por los mecanismos de supervivencia, los lazos familiares y los factores ideológicos.

Ahora bien, el examen que hemos realizado acerca de la importancia del autoconsumo por sí mismo y como indicador de la existencia de un modo de producción no capitalista, ha supuesto implícitamente que dicha práctica se realiza según las formas campesinas tradicionales de producción. Estas formas consisten en el trabajo personal del labrador y la familia no remunerada, sin otra ayuda externa que la ocasional para algunas labores, cuya producción se dedica en su mayor parte a satisfacer su consumo, el que se satisface en su mayoría con estos productos. Por estas razones hemos considerado al autoconsumo como indicador de la presencia de formas campesinas de organización y producción y de un modo de producción no capitalista.

Sin embargo, es prudente hacerse la pregunta opuesta, o sea acerca de si el trabajo personal y familiar campesino es lo predominante y usual en el sector de autoconsumo en las comunidades estudiadas. Para responder a esta cuestión se ha preparado el siguiente cuadro 10.

CUADRO 10
UNIDADES PRODUCTIVAS AGROPECUARIAS DE AUTOCONSUMO
Y DE PRODUCCIÓN COMERCIAL

|  | Santuario* 1973 | El Maye* 1973 | San Agustín 1974 | El Nith* 1975 |
|---|---|---|---|---|
| TOTAL | 64 | 89 | 66 | 47 |
| De autoconsumo[a] | 52 | 12 | 47 | 11 |
| Emplearon trabajo asalariado | (34) | (4) | (21) | (3) |
| No emplearon trabajo asalariado | (18) | (8) | (26) | (8) |
| Para el mercado[b] | 9 | 76 | 13 | 34 |
| No se cultivaron | 3 | 1 | 6 | 2 |

FUENTE: Investigación directa.
* Barrios centrales.
a De autoconsumo exclusivamente.
b Exclusivamente comerciales, así como todas las que venden parte de su producción.

En el cuadro anterior se observa la elevada proporción de unidades productivas agropecuarias de autoconsumo en el caso de Santuario (81%) y que ésta es un poco menor en San Agustín (71%). Debe considerarse que este dato es sólo una aproximación de la importancia de este tipo de unidades productivas ya que sólo comprenden aquellas que exclusivamente producen para el autoconsumo o sea que éste es en realidad mayor. Pero por ello es más notable el hecho de que en Santuario dos tercios de las unidades productivas de autoconsumo y 45% en el caso de San Agustín utilizan trabajo asalariado ajeno para ayudar en diversas labores del cultivo. En algunas unidades productivas de autoconsumo se encontró que prácticamente todo el trabajo aplicado a la producción había sido realizado por jornaleros a sueldo, lo que pone en duda el carácter campesino de estos núcleos productivos. En efecto, más bien se perfilan como actividades secundarias que absorben una gran parte de la capacidad de trabajo familiar que no tiene otro posible quehacer. Pero se sustenta en el ingreso monetario obtenido en otras labores. Los productos obtenidos son, a su vez, parte del consumo familiar y en esta medida operan como medios de abatir el salario monetario.

En síntesis hemos encontrado en este apartado que la importancia relativa de la producción de autoconsumo en la aportación de elementos materiales para la reproducción de las comunidades es pequeña, excepto en el caso de San Agustín. Los otros resultados sobre la vinculación de dicha producción con la oferta monetaria confirma el supuesto planteado de que estas comunidades son capitalistas por cuanto en su conjunto y las familias que las forman se encuentran inmersas en este tipo de relaciones, ya sea directamente, ya externamente.

Esta conclusión en cuanto al carácter de las relaciones económicas se debe vincular con la discusión del apartado anterior sobre la predominancia del Estado nacional en sus aspectos políticos, administrativos, ideológicos y económicos, a que la comunidad está sujeta y de los que es parte. Este predominio es la faceta social global de la forma de vinculación y pertenencia de las comunidades al modo de producción capitalista.

Por lo que se refiere a nuestra discusión central sobre la posibilidad de la presencia de modos de producción no capitalistas en el interior de las comunidades, la forma material de reproducción de las mismas arroja evidencias de primera importancia. En efecto, el hecho de que la comunidad se encuentra estrechamente vinculada en términos económicos y no sólo administrativos con el capitalismo nacional se refleja en el hecho de que sean los procesos capitalistas los que dan el soporte material principal para su reproducción. Esto resalta la relación múltiple y estrecha que tienen con el resto del país, y por lo mismo, es la evidencia de que no cuentan con la autonomía económica y política relativa que sería condición esencial para la existencia de modos de producción diferentes. Esto es, en ninguna de las comunidades existe el aislamiento que podría dar lugar al surgimiento y reproducción de procesos productivos no capitalistas, así como a la construcción de los componentes sociales, económicos, administrativos, ideológicos y políticos que conlleva la operación de todo modo de producción.

En efecto, en caso de que fuese vigente un modo de producción diferente del capitalista supondría la existencia de formas de producción y de apropiación de plustrabajo (o sea relaciones de explotación) no capitalistas. Pero también tendría que haber modalidades de distribución, de consumo, de acumulación y de reproducción material, social y demográfica distintos. Esto incluiría la existencia de una cultura y de un Estado que tuviese un correspondiente dominio territorial y monetario, así como normas de funcionamiento económico y social propias.

Podemos afirmar que nada de lo anterior se encuentra en el interior de las comunidades, sino cuando más algunos rasgos secundarios de formas de dominio y de organización que en algunos casos son útiles a las funciones capitalistas, pero en otros no. Es decir, su persistencia tampoco depende sólo de una funcionalidad o racionalidad económica del capitalismo sino de una racionalidad social en la que tienen peso diverso varios factores no económicos y no capitalistas.

Con todo ello se confirma que en las comunidades estudiadas no se encuentran presentes modos de producción diferentes al capitalista, aunque sí existen formas de organización productiva no empresariales.

La pregunta opuesta a la que ha dado lugar al desarrollo de este apartado es igualmente relevante. Aquí nos hemos planteado la cuestión de cuáles son los factores que explican la reproducción de la comunidad. Ahora debe considerarse la opuesta, o sea, qué significa y qué consecuencias tiene el autoconsumo en la reproducción de la comunidad rural capitalista, y cuáles son los factores que explican la persistencia de este tipo de producción y de uso de los productos.

## 5. LA PERSISTENCIA DE FORMAS NO CAPITALISTAS DE PRODUCCIÓN EN LA COMUNIDAD

En el apartado anterior se plantearon los términos generales de la reproducción material de las comunidades. Las consideraciones acerca de la imbricación de las comunidades con el sistema capitalista nacional muestran la inexistencia de modos de producción no capitalistas en el seno de las comunidades. Se ha resaltado el peso mayoritario de los sectores y actividades capitalistas en la reproducción material de las comunidades, junto con la insoslayable predominancia plena de factores nacionales económicos, de la cultura y el Estado.

La significación de la articulación de formas de organización social para la producción es de gran interés. No basta con demostrar la inexistencia de modos de producción no capitalistas al interior de las comunidades sino también se deben explicar las causas de que persistan en ellas elementos de organización no capitalistas.

De nuevo la información acerca de la existencia de importantes vinculaciones comerciales, financieras y de trabajo entre las comunidades y el exterior nos permite una apreciación de estas cuestiones.

Retomando algunas de las ideas ya expuestas en apartados anteriores se puede empezar por proponer la hipótesis de que las actividades no capitalistas persisten principalmente no por la defensa desesperada de los sectores campesinos sino gracias a su forma de vinculación con el capitalismo en México y al grado de subdesarrollo en que se encuentra éste. La idea que se trataría de demostrar es que

el autoconsumo y la reproducción de elementos de
la economía campesina tradicional se sustentan en
los ingresos familiares obtenidos en labores mercantiles y asalariadas que son desarrolladas por parte
de los miembros de la misma, ya sea que trabajen
en la propia comunidad o, como es más frecuente, en actividades remuneradas fuera de ella. De
confirmarse esta hipótesis supondría que los factores que explican la persistencia de las formas campesinas consisten tanto en los de carácter institucio-
nal que favorecen el mantenimiento del dominio
sobre la tierra, como en la posibilidad de que algunos miembros de la familia tengan un trabajo asalariado para sostener económicamente la reproducción familiar.

En esta discusión es necesario considerar que la
unidad productiva de la economía campesina (reproducción esencialmente autoconsuntiva y autosuficiente) es la familia. En cambio en el modo de
producción capitalista la unidad productiva es la
empresa, aun en el caso de la empresa familiar.
Esto es una diferencia fundamental en cuanto a la
organización del trabajo: en la actividad campesina
se aplica el esfuerzo de los integrantes familiares
sin restricciones legales de jornada, edad o condiciones laborales. En la empresa es el trabajo asalariado (con una representación del trabajo social)
el que realiza el proceso de creación de valor.

De aquí que la apariencia formal de la economía
campesina pueda reproducirse por la familia aun
cuando por sí misma sea incapaz de su sostenimiento material, siempre que reciba el soporte financiero de otras fuentes. Así el carácter campesino
de la familia persiste por el tipo de labor de sus
integrantes, por la ubicación física de la familia y
su acción económica y social conjunta. En cambio la
familia del capitalismo (proletaria, burguesa, etc.)
se caracteriza y persiste por el trabajo de los adul-

tos y si estos cambian su lugar de inserción en los procesos económicos tenderá a cambiar el carácter objetivo de la familia.

Las particularidades económicas de la familia campesina dan cuenta en gran medida de la resistencia al proceso de "descampesinización". Éste se inicia con la vinculación mercantil, administrativa, cultural y política de la comunidad y de la familia con la esfera capitalista, lo que en general sucedió desde muchas décadas atrás. Avanza un largo trecho en la etapa de separación inicial del trabajo y de los medios de producción, lo que constituye la base material del proceso de proletarización del trabajo. La etapa siguiente consiste en la transformación de la unidad familiar campesina en una del capitalismo. Este proceso tiene lugar, ya por la emigración, ya por el cambio en las relaciones internas familiares en la medida en que se inserta toda ella en relaciones sociales capitalistas: laborales, mercantiles, culturales, políticas.

En la etapa intermedia de este proceso de transformación sucede la proletarización de una parte de la fuerza de trabajo campesina. Pero persiste la familia campesina como unidad social. La hipótesis consiste, entonces, que en las comunidades estudiadas se encuentran numerosas familias que están en esta etapa de transformación, iniciada hace décadas y que puede tomar todavía largo tiempo en terminar. La presencia de estos núcleos de familias campesinas es lo que constituye la apariencia de que persiste un modo de producción no capitalista.

Decíamos en el apartado anterior que la aportación de elementos materiales por el sector de autoconsumo para la reproducción material de la comunidad era sólo una fracción del total (desde 22% en el caso de San Agustín hasta el 6% en el de Santuario; véase el cuadro 6). Este solo hecho sugiere que la base principal de la reproducción se encuentra fuera de las labores de autoconsumo, observación que se constata en otras investigaciones.[1]

Por otra parte la misma proporción de la producción de autoconsumo en el total indica también que la mayoría del consumo se satisface con bienes comerciales adquiridos con ingresos monetarios en el mercado. Una alta proporción de estos bienes y de servicios provienen de fuera de las comunidades. Para adquirirlos, así como para realizar el resto de las transacciones comerciales internas, les es necesario a las familias disponer de ingresos monetarios suficientes, los que obtienen en procesos productivos y de intercambio en los mercados al insertarse las personas en las formas capitalistas de producción y de transacciones mercantiles. Es claro que para la familia y la comunidad la subsistencia con bienes no producidos por ella misma requiere de la disponibilidad de ingresos monetarios.

El análisis de las fuentes de ingresos de las comunidades resulta, por lo tanto, de elevado interés para la apreciación de la importancia relativa de los diversos medios para su reproducción como conjunto, y también para conjeturar acerca de los mecanismos que permiten la persistencia económica de las formas no capitalistas de producción.

En el cuadro 11 se ha concentrado la información acerca de la composición del ingreso efectivo total de las comunidades. Incluye ingresos por sueldos, salarios, utilidades efectivas brutas, así como transferencias. Dentro de éstas se encuentran los ingresos netos de los factores localizados en el exterior así como donaciones. La distinción de éstas con respecto a dichos ingresos no fue posible establecerla.

Resalta en el cuadro anterior la elevada proporción que representan los ingresos de los factores de la comunidad correspondientes a trabajadores que

[1] Véase Karl Kautsky, *La cuestión agraria*, Siglo XXI, México, 1974.

CUADRO 11

INGRESOS MONETARIOS DE LAS COMUNIDADES

(miles de pesos y porcentajes)

| Fuente de Ingresos | Santuario* 1973 | | El Maye* 1973 | | San Agustín 1974 | | El Nith* 1975 | |
|---|---|---|---|---|---|---|---|---|
| TOTAL | 1 110 | (100) | 1 775 | (100) | 668 | (100) | 1 899 | (100) |
| Generado en la comunidad | 565 | (51) | 1 282 | (72) | 308 | (46) | 1 114 | (59) |
| Por labores diarias externas | 308 | (28) | 183 | (10) | 136 | (20) | 724 | (38) |
| Por transferencias netas de factores en el exterior | 237 | (21) | 310 | (18) | 224 | (34) | 61 | (3) |

FUENTE: Investigación directa.

* Barrios centrales.

laboran fuera de ella en actividades remuneradas, pero que viven en la misma, o sea que llevan a efecto trabajos diarios externos: en tres de las comunidades este ingreso es alrededor de un tercio del total, y sólo en El Maye se limita al 10%.

El otro renglón de notables resultados es el que se refiere a donaciones y otras transferencias. Éstas provienen en su mayor parte de familiares que han emigrado hacia otras regiones, la mayoría a las ciudades grandes, pero también se trata de braceros que emigran a los Estados Unidos, y que envían periódicamente fondos a los familiares que permanecen en el pueblo. Con frecuencia son trabajadores estables en la ciudad de México que visitan ocasionalmente sus pueblos, pero que siguen sosteniendo a familiares que permanecen ligados a la tierra. El trabajo más frecuente de estos migrantes (usualmente emigrantes definitivos) son, en los hombres, peones en la construcción y comercio ambulante, y en las mujeres, el servicio doméstico y dicho comercio. En unos pocos casos se registran transferencias desde las comunidades hacia el exterior, que corresponden usualmente a envíos que hacen algunas familias a hijos que estudian en Pachuca o en la ciudad de México.

De la información anterior se desprende, entonces, que las comunidades obtienen una proporción elevada de sus ingresos a través de su vinculación laboral y financiera con el exterior. Esta proporción e importancia de las fuentes monetarias externas va desde la mitad de los ingresos totales comunales en el caso de Santuario y San Agustín, hasta alrededor de un tercio en el caso de El Maye (véase de nuevo el cuadro 11).

Debe resaltarse el hecho de que las comunidades con un *aspecto* de mayor atraso y con un nivel de producto por habitante más bajo (San Agustín y Santuario) son en las que la proporción del ingreso proveniente del exterior en el total es mayor (véanse de nuevo cuadros 5 y 6). Esto sugiere que el ingreso externo es un complemento y soporte fundamental de la reproducción de la vida comunal, independientemente del carácter de ésta. Y que dicho carácter está principalmente determinado por el tipo de recursos naturales disponibles y su posibilidad de uso en procesos capitalistas, sin descontar desde luego la "sobredeterminación" de las estructuras agrarias como límite a los impulsos hacia la concentración de capital. De esta manera no hay lugar para suponer la existencia de una resistencia campesina a la expansión capitalista sino en todo caso la resistencia del pequeño productor a ser proletarizado. Ello corresponde a la reacción de clases diferentes, o sea en el primer caso, la de una clase no capitalista y en el segundo la de una clase del capitalismo.

El análisis del origen de los ingresos se complementa con el de la importancia relativa que tiene la ocupación fuera de las comunidades en labores remuneradas. A fin de obtener una idea de la importancia que tiene esta vinculación con los procesos productivos externos se ha preparado el cuadro 12 donde se muestra la proporción de familias en las que por lo menos uno de sus miembros labora en el exterior.

Se constata en el mencionado cuadro que precisamente en las comunidades con recursos más pobres son en las que un mayor número de familias aporta trabajadores para el exterior. Este resultado no es sorprendente, pero la magnitud de la emigración puede aquí revelar que en los pueblos que aparentemente contienen formas antagónicas de producción con las capitalistas son en las que el ingreso externo está más difundido entre el conjunto de familias. Esto no habla desde luego del nivel del ingreso, sino sólo de una de las articulaciones más importantes entre las formas de producción no capitalistas y el modo de producción capitalista.

En efecto, el 60% de las familias de San Agustín

CUADRO 12
FAMILIAS CON UNO O MÁS MIEMBROS TRABAJANDO
FUERA DE LA COMUNIDAD

| | Santuario | | El Maye | | San Agustín | | El Nith | |
| --- | --- | --- | --- | --- | --- | --- | --- | --- |
| | 1973 | % | 1973 | % | 1974 | % | 1975 | % |
| Total de familias | 94 | 100 | 141 | 100 | 78 | 100 | 77 | 100 |
| Algún miembro trabaja fuera de la comunidad | 50 | 53 | 22 | 16 | 47 | 60 | 19 | 25 |
| Ningún miembro trabaja fuera de la comunidad | 44 | 47 | 119 | 84 | 31 | 40 | 58 | 75 |

FUENTE: Investigación directa.

y en la mitad de las de Santuario por lo menos un miembro de la misma trabaja en el exterior en labores remuneradas de las que una parte considerable son asalariadas. Además es necesario considerar que en el interior de cada comunidad existen una diversidad de unidades productivas de carácter mercantil que generan también ingresos monetarios (talleres de herrería y otros). Afirmamos que esto tiene una relación estrecha con la preservación de abundantes rasgos campesinos y en su reproducción al ser el ingreso un sostén de la familia, la que a su vez preserva su apariencia campesina. Esto, paradójicamente, sucede dentro de condiciones productivas y sociales capitalistas que deberían ser hostiles a dicha reproducción de elementos campesinos, lo que debe explicarse.

El indicio anterior debe combinarse con el hecho de que las comunidades que tienen estos rasgos más acentuados (Santuario y San Agustín) disponen de tierras de tan mala calidad que no son apetecibles para el capital, por lo que las familias las pueden retener sin gran dificultad. También se debe tomar en cuenta que una parte considerable de la fuerza familiar de trabajo aplicada se forma con la colaboración de niños y de mujeres, que en general no podrían obtener un trabajo remunerado dentro o fuera de la comunidad. De aquí que la producción de autoconsumo se lleve a efecto casi exclusivamente con trabajo familiar no remunerado de niños y de la mujer. A este esfuerzo se suma la colaboración eventual del jefe de familia que usualmente se ocupa en otras actividades remuneradas dentro o fuera de la comunidad. Es un acontecer típico el que el hombre (y a veces la hija mayor y otros familiares emigrados) regresa al pueblo para efectuar por unos cuantos días las faenas necesarias del cultivo y cosecha. Pero cada vez es más frecuente que se recurra a la ayuda de trabajo asalariado por unos días para realizar las tareas más pesadas, barbecho por ejemplo.

Así la ocupación efectiva en labores del autoconsumo es baja y ocasional, excepto en el caso del pastoreo que realizan los niños. Pero además es con frecuencia una ocupación remunerada, al recurrir a la ayuda de trabajadores asalariados (véase el cuadro 10 de nuevo).

Lo importante en la discusión de la vía de reproducción de las formas no empresariales de producción reside en establecer la relación entre éstas y las formas capitalistas.

En las circunstancias reseñadas resulta que el sector de autoconsumo —que ya no es autosuficiente— persiste fundamentalmente porque la familia tiene el soporte del ingreso de labores asalariadas o mercantiles. La familia, a su vez, aplica una gran cantidad de tiempo de trabajo (que no tiene otras opciones de ocupación) al intento de producir algunos kilos de maíz y frijol y disponer de algunos huevos y otros productos de la ganadería menor. Cabe señalar que la parte más valiosa de estos productos usualmente se venden en el mercado: chivos, gallinas, borregos y lana.

De esta manera los procesos de autoconsumo familiares se reproducen y se mantienen *formalmente* alejados de las relaciones comerciales capitalistas gracias a que cuentan con ingresos monetarios que permiten a la familia sobrevivir, desde luego con la ayuda de la producción propia. Pero ello no oculta que esta vital aportación es menor que la parte principal monetaria, no menos vital.[2]

El proceso de pérdida del contenido campesino de las familias y de la comunidad rural avanza con la proletarización del trabajo y la vinculación creciente cultural con las relaciones capitalistas (educación,

[2] Por ejemplo el estudio del Centro de Investigaciones Agrarias, *Estructura agraria y desarrollo agrícola en México*, FCE, México, 1974, así como los artículos contenidos en *Capitalismo y campesinado en México*, SEPINAH, México, 1976.

pautas de consumo, medios masivos de difusión, etc.). Sin embargo, es un proceso lento debido a diversos factores que lo frenan, como es la resistencia al cambio, pero sobre todo, la posibilidad de que algunos miembros de la familia puedan tener trabajo remunerado que permite el acceso a satisfactores esenciales para la reproducción. Pero esta posibilidad capitalista en la mayoría de los casos tampoco es lo suficientemente abundante, ni hay oportunidades de ocupación, como para que también la familia completa abandone la tierra y emigre de una vez por todas. Queda así sujeta al más lento proceso de transformación gradual en la comunidad de origen.

La relación ingreso-autoconsumo da cuenta también de los gastos monetarios que demandan los cultivos que se realizan (semillas, trabajo alquilado, etc.), los cuales obviamente no son recuperables en términos monetarios. Esto conduce a afirmar que tanto la producción como la reproducción demográfica del núcleo de autoconsumo depende del "subsidio" financiero que le da el sector capitalista. Ésta es la otra faceta de la contribución del autoconsumo a la reproducción de la fuerza de trabajo conjunta.

Así el propio desarrollo capitalista, al ampliar la ocupación remunerada en regiones con recursos apetecibles para su explotación comercial, crea una de las condiciones esenciales para la reproducción del autoconsumo en otras regiones, o sea un ingreso monetario que sirve para el sostenimiento del resto del núcleo familiar. El otro elemento que en el caso de México auspicia esa forma de reproducción del autoconsumo es la estructura del dominio sobre la tierra. Ésta limita su concentración capitalista por cuanto las formas agrarias ejidales y aún la pequeña propiedad reciben una protección extra-económica por el Estado que les permite una mayor resistencia a la embestida capitalista por obtener los mejores recursos.

Es claro que la relación entre el apetito capitalista y la relativa protección jurídica es de primera importancia sólo donde los recursos son atractivos. En cambio en regiones de magros recursos como en el caso de Santuario no es la situación descrita la que priva, ya que los recursos naturales no se prestan a la explotación comercial con la tecnología actual. De aquí que la persistencia del núcleo de autoconsumo se deba, en este caso, principalmente a la combinación de recursos inadecuados y a la disponibilidad de ingresos, por trabajo asalariado, para el sostenimiento familiar.

En el caso de las otras comunidades estudiadas la situación es similar en cuanto a la disponibilidad de ingresos monetarios que favorecen la reproducción del autoconsumo, de las formas no empresariales de producción que lo sustentan y de los llamativos rasgos campesinos.

Hemos visto antes que las relaciones salariales penetran la comunidad no sólo a través de la organización interna de procesos productivos de carácter empresarial, sino también a través de la vinculación laboral de procesos productivos de carácter regional en cuanto a que incorporan trabajadores de la comunidad a labores e intercambio mercantiles. Las relaciones de producción se extienden así bajo la influencia unificadora y homogeneizadora del aparato superestructural capitalista y del aparato económico. Pero también sucede que las actividades no comerciales se encuentran vinculadas con el resto de la economía no sólo a través de la relación que opera para su reproducción material, que ya hemos delineado, sino también por los mecanismos de intercambio, de valoración del capital y desde luego de la reproducción de la fuerza de trabajo.

## 6. INTERCAMBIO DESIGUAL Y "SUBSIDIO" AL SALARIO AGRÍCOLA

En cada sociedad capitalista concreta los procesos de carácter comercial y empresarial se transforman en abstractos a través de su enfrentamiento en el mercado con el resto de la producción de valor de la región y del país (en los casos de productos que acuden a mercados de importancia nacional). Con ello, a través del intercambio se homologan el trabajo (se convierte en abstracto), al igual que el tiempo contenido y todos los componentes y pasos del proceso productivo y distributivo. Tiene así lugar la transformación del trabajo concreto en abstracto, del valor de uso en valor de cambio y se expresan las leyes tendenciales del capitalismo.[1]

Los resultados del proceso productivo y su particularidad técnico-económica se sujetan a la regla social comparativa y de igualación, a la norma que asigna en cada momento el valor equivalente, social, que tendrá cada tipo de producto, o sea el tiempo de trabajo social medio por el que podrá intercambiarse, siempre que se consideren condiciones de intercambio de equivalentes, los excesos respecto a estas normas son devaluados en el intercambio, convirtiéndose en un esfuerzo extra, e inútil. Y con ello el total del tiempo de trabajo aplicado no obtiene el equivalente en valor contenido en otras mercancías, sino menos, pongamos por ejemplo, una hora de trabajo ineficiente sólo se aprecia socialmente en 40 minutos de trabajo medio. A su vez los productores eficaces logran colocarse por

---

[1] Karl Marx, *El capital*, Siglo XXI, México, 1981, t. III, vol. 8, pp. 1042-1046 y 1116-1118.

debajo de la norma con lo que el tiempo de trabajo aplicado será menor que el tiempo socialmente necesario y resultará revaluado. Por ejemplo una hora de trabajo eficiente se apreciará socialmente en una hora y quince minutos de trabajo social medio.

Desde luego la norma, o sea el trabajo medio social de comparación que es la medida del valor, es un resultado del conjunto productivo social que se intercambia, o se produce para el intercambio, por lo que si todos los productores (o una gran parte) elevan su eficiencia, la norma se abatirá. Ésta es, por cierto, la tendencia ineludible de la producción capitalista y una de sus características que le prestan el sentido progresista que tiene al imponer el desarrollo de las fuerzas productivas como necesidad de supervivencia del productor y de la sociedad. También es, como elemento central de las leyes de acumulación, condicionante de las crisis de este modo de producción.

Así, el hecho de que un tipo de mercancía se produzca con eficacia diferente que la media, determina que el tiempo de trabajo aplicado en su producción sea valuado e intercambiado socialmente en el mercado por valores equivalentes a tiempos de trabajo también diferentes. Esto a su vez se expresa en términos monetarios, o sea en salarios, en cuanto a que el precio medio por hora de trabajo aplicada será menor (en la producción ineficaz) o mayor (en la producción eficaz) que en el caso normal. El que ello sea base para cambio en la distribución a favor del trabajo o del capital (salarios mayores o aumento de las ganancias) es cuestión y resultado de la lucha entre el trabajo y el capital.

En general la producción comercial y empresarial de los pueblos estudiados enfrenta importantes desventajas técnico-económicas (en organización, capacidad de acumulación, vías de comercialización, etc.), con relación a la producción nacional de bienes similares. Estas grandes desventajas se expresan, en el caso de la producción agrícola, en rendimientos de campo menores como resultado de la ineficacia del trabajo. Uno de los obstáculos principales para elevarlos en tierras de buena calidad, y también en las de baja calidad, consiste en la imposibilidad de concentrar las propiedades a fin de aplicar formas masivas mecánicas de alto rendimiento. Esto mismo es válido como restricción tanto a la explotación empresarial como colectiva.

En efecto, el fraccionamiento de la tierra es notable lo mismo en tierras de riego como de temporal. La propiedad (y la parcela ejidal) media es sólo de tres y media hectáreas en el mejor caso (San Agustín) y un poco más de media en el peor (Santuario), como se constata en el cuadro 13.

CUADRO 13
TIERRAS AGRÍCOLAS Y SUPERFICIE POR UNIDAD PRODUCTIVA
(*hectáreas*)

|  | Santuario* 1973 | El Maye* 1973 | San Agustín 1974 | El Nith* 1975 |
|---|---|---|---|---|
| Unidades agrícolas | 64 | 89 | 66 | 47 |
| Superficie agrícola total | 39 | 61 | 237 | 73 |
| (de riego o humedad) | (0) | (61) | (86) | (69) |
| Superficie media por unidad | 0.61 | 0.69 | 3.59 | 1.55 |
| (de riego o humedad) | (0) | (0.69) | (1.30) | (1.47) |

FUENTE: Investigación directa.
* Barrios centrales.

La situación de aridez de la región, que determina la casi esterilidad de las tierras que no disponen de riego artificial conduce a resaltar el dato de la disponibilidad de tierras con riego. En el mismo cuadro anterior se observa que la ventaja relativa de San Agustín se pierde para quedar El Nith en primer lugar en el promedio de tierras de riego por unidad productiva. Vale resaltar que estos promedios son representativos de una proporción elevada del total de unidades productivas por existir una baja concentración de tierras. Es decir, la dispersión de los casos según superficie es baja.

En realidad la escasa concentración de la tierra que existe para su explotación agrícola por el capital es sólo uno de los aspectos que explican la ineficiencia relativa de los productores regionales bajo las condiciones actuales de producción. La calidad de los recursos es otro de los elementos explicativos, así como las dificultades para acumular y poder recurrir a métodos y técnicas más eficientes. Desde luego todo ello es parte de un fenómeno global que es el de las relaciones de producción prevalecientes en el país como conjunto. Éstas son diferentes en el caso de procesos sustentados sobre la base de principios y finalidades campesinos, y los de carácter empresarial. Sin embargo, para nuestro propósito de lograr un acercamiento global a la explicación de las relaciones generales de intercambio de valor entre las comunidades y el resto de la economía podemos intentar un tratamiento conjunto y comparativo, reteniendo las diferencias en la propia explicación. Por tal motivo, a lo largo de este examen se procurarán establecer las referencias a las diferencias más relevantes entre los diversos tipos de producción. Veremos en primer término el caso de la producción destinada al intercambio.

La producción de las comunidades que tiene un destino comercial se realiza en mercados regionales y nacionales. Las cosechas más valiosas se venden usualmente a compradores del centro de abasto de la ciudad de México que acuden a las comunidades a adquirirlas. Por ello es que tiene lugar la calificación del trabajo contenido en estos bienes a través de la perecuación del tiempo de trabajo generado en todo el país (y del externo a través del comercial internacional). En general el esfuerzo local objetivado en la producción lograda resulta poco favorecido en este proceso debido a la ya mencionada desventaja técnico-económica de la producción que se expresa en general en una eficacia menor a la media social. De aquí que los productores locales obtengan usualmente un ingreso menor que el promedio nacional para igual esfuerzo en cultivos del mismo tipo.

Esto es por lo que hace a la relación de la producción local y nacional agrícola del mismo tipo, pero también está la valoración social de la producción agrícola con relación al total del valor nacional producido que contienen todos los otros bienes y servicios del país. Esta otra valoración es igualmente relevante para el análisis del intercambio de valor entre sectores económicos y sus clases. Ambas valoraciones son las que en conjunto determinan el tipo de intercambio (igual o desigual, y en este último caso, favorable o desfavorable), que cada sector o rama productiva tiene con los otros con los que comercia.[2]

[2] La argumentación estructuralista acerca del intercambio desigual es rica en aportaciones desde hace tres décadas, siempre tomando como criterio de referencia la alteración de la relación de precios del intercambio. Vale recordar que esta argumentación se sustenta, y a su vez da lugar, a interpretaciones de diversos aspectos de la relación entre países atrasados e industrializados. Entre los estudios ya clásicos, se encuentran en esta corriente los de:

UNO, *Relative prices of exports and imports of underdeveloped countries*, Nueva York, 1949; J. Ahumada y A. Nataf, "La relación de intercambio de los países de América Latina", *El Trimestre Económico*, vol. XVII, n. 3, julio-septiembre de 1950, FCE, México; CEPAL, *Estudio económico de América Latina 1949*, Nueva York, 1951; CEPAL, *Problemas teóricos y prácticos del crecimiento económico* (E/CN/12/221), mayo de 1951.

También se encuentran un gran número de estudios de

La situación desfavorable de la producción local mercantil con respecto a la nacional de la misma rama o de otras no quiere decir necesariamente que la relación de intercambio sea desigual. Solamente lo será en el caso de que el valor real contenido en la producción local (calificado socialmente) no fuese adecuadamente reconocido en el intercambio, lo que en realidad no se sabe si sucede. Sin embargo, se ha supuesto tradicionalmente que sucede la subestimación (subvaloración) del valor en la relación de intercambio global en contra de los productos agrícolas y a favor de los industriales y de servicios. Pero hasta ahora sólo se han aportado elementos de juicio de la *tendencia* al deterioro temporal de ese intercambio (por la corriente estructuralista) y argumentos abundantes que tratan de demostrar con elementos lógicos mas no factuales ese deterioro por la corriente marxista.

El problema metodológico para determinar si hay intercambio desigual de valor es complejo, ya que se requiere establecer con precisión el valor real de los productos intercambiados. Pero éste no se determina sólo y simplemente por el tiempo de trabajo contenido en cada producto, sino debe calcularse el que corresponde al socialmente reconocido, así como la diferencia —en caso de haberla— con respecto al intercambio efectivo. El valor real, a su vez, se podría estimar a través de la comparación compleja entre la eficacia del trabajo y la tecnología de todos

casos. Tal vez en el que la metodología se encuentra más extensamente expuesta es, CEPAL, *El caso de México* (E/CN/12/428), México, 1957.

Por lo que se refiere a las aportaciones marxistas al tema se encuentran numerosos estudios. Los planteamientos teóricos han proliferado recientemente. Están las aportaciones de Arghiri Emmanuel, *El intercambio desigual*, Siglo XXI, México, 1972, así como las de Samir Amin, Charles Bettelheim, Christian Palloix, en *Imperialismo y comercio internacional*, Cuadernos de Pasado y Presente 24, México, 1980.

los procesos productivos que están relacionados directamente entre sí, sin trabas, en el mercado. Éste es usualmente el mercado nacional, pero en el caso de algunos productos el ámbito de comparación es sólo el regional.

En todos los casos los precios mercantiles del intercambio son sólo una aproximación de la apreciación del valor social contenido en cada producto o sea de la delimitación del equivalente reconocido de valor en términos sociales. Hay una diversidad de factores que desvían la convergencia entre precio y valor, creando así uno de los problemas insolubles hasta ahora que es el del conocimiento de la conversión de valores en precios en términos empíricos.

El examen de las relaciones comerciales a fin de establecer la existencia y modalidades del intercambio desigual de valor debe considerar el hecho de que los sujetos que participan en dicho intercambio actúan antagónicamente. No es el resultado, en cuanto a volumen intercambiado y precios a que se realiza, de la simple consecuencia de la participación de dos sujetos que libremente se enfrentan en un acto comercial. Es en realidad el resultado de una lucha en la que el vendedor intenta la obtención del máximo margen de ganancias y el comprador pretende obtener el más bajo precio. Las opciones de vendedores y compradores están además limitadas a las disponibilidades del mercado constituido.

Por otra parte la competencia entre comerciantes puede abatir los precios, pero no abajo de los límites estrechos que son los de los costos de comercialización incluyendo el precio de adquisición de los bienes. Además las ganancias comerciales no son simplemente la diferencia entre precios de compra y de venta de los bienes objeto de comercio. Tampoco es el servicio del comercio el simple proceso de compra-venta. Este proceso consiste en la aplicación de trabajo asalariado que se dedica a otorgar este servicio y sujeto a la explotación capitalista por parte del empresario. Éste obtiene ganancias (mas no plusvalía por no ser trabajo productivo el de los asalariados en estos servicios) no de la compra-venta de las mercancías como cree, sino de la explotación del trabajo.

Las consideraciones anteriores permiten añadir argumentos que ponen en tela de juicio la validez de la relación de precios del intercambio como indicador de la existencia de intercambio desigual de valor, en términos marxistas. En efecto, existe el hecho de que el margen de ganancias comerciales (que incide directamente sobre los precios sin alterar el valor) varía sin relación inmediata con el contenido de valor de las mercancías, y así como resultado de la lucha mercantil, dentro de los límites de los costos de comercialización, y de la explotación del trabajo. Esto conduce a considerar que, al menos en el análisis coyuntural, las variaciones de precios pueden divorciarse en gran medida del contenido de valor real de las mercancías y servicios.

Además, aun en el caso de que los precios indicasen con precisión el valor contenido en cada producto no se resolvería el problema de la apreciación de la existencia (y cuantificación) del intercambio desigual entre sectores al nivel del conjunto de la economía. En efecto, para ello sería necesario determinar la desviación entre el precio de mercado y el que correspondería al contenido verdadero de valor de los bienes para saber si hay o no desigualdad en el intercambio. El intento de efectuar dicha determinación nos lleva exactamente al mismo punto de partida del problema, o sea el de conocer por separado valor y precio. En efecto, sólo mediante la determinación de dicha desviación podría saberse si el intercambio de valor es desigual, o sea, que el valor social no sea reconocido en el intercambio sino uno fuese subvaluado u otro sobrevaluado.

De manera que el uso de los precios como elemento de apreciación del intercambio desigual a nivel de sectores globales de la economía elimina automáticamente la posibilidad de resolver el problema de la apreciación del intercambio desigual. Ello se debe a que el precio es un dato final en el que no aparece más la apreciación del intercambio desigual, o sea del valor equivalente del tiempo de trabajo, que es precisamente el que deberíamos conocer para poder determinar la magnitud del intercambio desigual y su dirección.

En cambio se pueden usar los precios para estimar la desigualdad del intercambio entre regiones por valuación diferente del valor contenido en igual tipo de bienes. Las diferencias de precios del mismo tipo de producto en regiones que efectúan intercambios sería el punto de partida para dicha apreciación. El segundo dato necesario sería el del volumen del intercambio. Pero aún con estos datos la desigualdad que se podría conocer sería solamente la que resulta de la subvaloración de productos regionales del mismo tipo. En cambio en el caso del intercambio de bienes subvaluados (por ejemplo agrícolas) por otros de un sector diferente comprados a regiones de precios altos, se debe efectuar un cálculo adicional. Éste consiste en apreciar si la valuación actual también es superior a la que obtendrían esos bienes en la región importadora si dichos bienes se produjesen localmente. En el caso de que la producción local demandase más esfuerzo (más valor) que el valor equivalente actual del bien "importado", el intercambio actual es desigual y favorable a la región importadora. Si el valor estimado para la producción local de los bienes actualmente "importados" a la región fuese menor que el de éstos en términos regionales presentes, el intercambio será desigual y desfavorable.

La escuela estructuralista ha desarrollado un método para establecer comparaciones del cambio de precios de los bienes que son motivo del comercio internacional. A partir de una muestra tomada en

un año base (año que debe ser "regular o normal"),
es posible calcular la relación de precios del intercambio mediante los índices respectivos. Sin embargo, las variaciones de los precios relativos establecen solamente las tendencias en los términos
del intercambio y de su desigualdad mas no su magnitud absoluta. Esto hace que el procedimiento sea
sólo una burda aproximación a la solución al problema del intercambio desigual de valor por cuanto
supone implícitamente que la tecnología de los procesos productivos y la productividad del trabajo
permanecen constantes en el período de comparación. Esta simplificación cancela toda posibilidad de
examinar el efecto de uno de los factores principales que intervienen y explican las alteraciones en el
valor unitario de los bienes y en su valuación en
el intercambio, que es el cambio de la productividad.

Una cuestión diferente en cuanto al intercambio
de valor es la que plantea la producción para autoconsumo que se lleva a efecto según procesos no
capitalistas. En este tipo de producción los bienes
obtenidos contienen sin duda valor de uso, pero no
de cambio. No se socializa el trabajo contenido al
no ser objeto de intercambio. De aquí que el tiempo de trabajo contenido, los procesos productivos
que se siguen, la tecnología aplicada y el destino de
los productos no tienen referencia alguna con las
normas medias nacionales o regionales que cobran
expresión en el intercambio capitalista y en la fijación de los límites sociales del equivalente de valor
de cada tipo de bien. Los costos efectivos de la producción así como los imputados no tienen sentido
por cuanto ninguno de los componentes fundamentales del proceso productivo y de consumo de este
tipo de producción pasa por el mecanismo social de
apreciación que es el mercado.

Es indudable que la producción familiar para el
autoconsumo es un aporte a la base material de la

reproducción de la fuerza de trabajo. Y en este sentido el trabajo aplicado a la producción de este tipo tiene una consecuencia positiva en cuanto a que colabora al acopio de bienes para el consumo familiar, como lo tiene también el trabajo doméstico aplicado a cocinar y a mantener condiciones de higiene y bienestar en la familia.

En la medida en que aporta elementos vitales para el consumo esencial familiar la producción de autoconsumo interviene en la reproducción del trabajo y en las relaciones capitalistas. En efecto, siempre que se trate de una familia que no sea totalmente autárquica, el trabajo familiar inevitablemente se insertará en relaciones comerciales de explotación e intercambio. Esto sin dejar de lado la cuestión ya señalada de que la propia producción de autoconsumo se reproduce gracias al soporte material que aporta el ingreso obtenido en actividades y procesos empresariales. También la producción de autoconsumo, a su vez, colabora a la reproducción del conjunto capitalista.

En efecto, el aporte de productos familiares al consumo mediante labores improductivas se refleja, en el área capitalista, en el mantenimiento de salarios bajos y en la debilidad de la lucha de clases. Es a través de la lucha que las clases explotadas logran rescatar condiciones de vida menos miserables. Sin embargo, el éxito de la lucha de los explotados en el capitalismo depende en gran medida de que el trabajo sea asalariado en su mayoría (femenino y masculino). De otra manera se recrea el mecanismo económico e ideológico que constituye el soporte a la reproducción familiar mediante la elaboración propia de bienes útiles, pero no destinados al mercado, restando así presión y solidaridad a los trabajadores asalariados en la exigencia de ingresos para su sostenimiento vital.

El resultado final sobre la reproducción familiar

y sobre el nivel de los salarios, es diferente de cada una de las bases de la subsistencia: los ingresos monetarios, el autoconsumo y el "subsidio" al salario vital que efectúa el trabajo familiar no retribuido. Esto se debe a que el abaratamiento del salario no es igual a la suma del costo imputado del autoconsumo más los servicios familiares no retribuidos. Es de suponer que será mayor que esta suma en vista del efecto depresivo que ejerce sobre las luchas sociales que emprenden por elevar el salario las clases explotadas. Los núcleos de productores de autoconsumo influyen en esas luchas por ausencia y por la amenaza que constituyen en cuanto a la posibilidad de deteriorar las condiciones del mercado de trabajo. Es decir, si ingresasen al trabajo asalariado todos los familiares en capacidad de laborar, se eliminaría el "subsidio" al salario. Pero en tal caso el salario se elevará más que el "subsidio" (el cual desaparecería), debido al avance en el poder de lucha del trabajo.

Debe resaltarse que, de suceder este proceso de eliminación del "subsidio", no se podría cuantificar con precisión su efecto. Esto se debe principalmente a que no es calculable el futuro nivel medio del salario como elemento de referencia para efectuar dicha estimación (el salario medio nacional, el vigente en la agricultura o el que prevalece en la región en labores altamente tecnificadas), ni el salario futuro del grupo que se incorporaría al trabajo asalariado ya que estos niveles cambiarán en la medida que se eleven los salarios de una parte importante del conjunto de trabajadores por el efecto de eliminar la práctica del autoconsumo.

En el caso de que el cambio masivo sucediese en las regiones bajo estudio la alteración de los salarios medios sería aún más poderosa por tratarse del nivel más bajo de toda la economía, el que además corresponde tal vez a la masa mayor de trabajado-

res agrícolas. Es decir, al elevarse los salarios de
éstos empujarían hacia arriba el nivel medio y, con
ello, a toda la estructura salarial del país, y en consecuencia, cambiarían los precios de bienes y servicios.

## 7. TRABAJO PRODUCTIVO E IMPRODUCTIVO

Los conceptos de trabajo productivo e improductivo nos remiten a los de valor de cambio, de plusvalía y de ganancias. Existen diversas definiciones en los textos clásicos por lo que es necesario optar por las que tengan una correspondencia con las exigencias del análisis de la realidad social.

Hay plena coincidencia en considerar productivo el trabajo asalariado y el del trabajador por cuenta propia dedicados a producir bienes para el intercambio, o sea mercancías. Además se considera generalmente que una diversidad de labores que antes eran calificadas improductivas por ser de carácter intelectual y administrativo y que estaban separadas de la producción se convierten cada vez más, en la industria actual, en labores directamente vinculadas con los procesos de transformación y de producción de mercancías a medida que éstos se tecnifican y reorganizan simplificándolos. Por tal razón este tipo de trabajo se debe incluir en el productivo al formar parte directamente del proceso de creación de valor.

En cambio las mayores diferencias de opinión surgen en la calificación, en cuanto a ser o no productivo, del trabajo aplicado a labores no directamente relacionadas con la producción de mercancías. La esfera de la distribución y de servicios no personales es la primera a considerar. Se deben distinguir las labores que son necesarias para el proceso de transformación: transporte de insumos y de trabajadores, así como de productos finales; almacenamiento y comercialización de dichos insumos; servicios bancarios necesarios para la acumulación de capital y para las transacciones del proceso de trans-formación; servicios públicos y administración privada esencial para ese proceso. En algunas proposiciones se consideran estas labores como trabajo productivo [1] mientras que se califica de improductivas las de servicios personales.

En un pasaje de *El capital*, Marx propone que es productivo todo trabajo que valoriza el capital [2] e incluye en éste a *todo* capital. Esto nos remite a asumir como productivo todo trabajo asalariado y por cuenta propia siempre que realice labores cuyos resultados sean objeto de intercambio comercial. Debe resaltarse que en términos de la relación de explotación este criterio corresponde a considerar productivo a todo el trabajo explotado según formas capitalistas, más el de productores por cuenta propia, siempre que los bienes elaborados y servicios prestados se realicen en el mercado. De esta manera toda labor remunerada excepto los servicios personales domésticos más otros prestados individualmente y que forman parte del consumo final del adquiriente, será productiva. Las ventajas de esta concepción son grandes. Facilita el análisis de la acumulación desde el lado de la valorización del capital y la investigación de los aspectos monetarios de la reproducción capitalista y de la explotación.

Sin embargo, para efectuar el análisis de la acumulación y de la división de la sociedad en clases y del condicionamiento global de éstas en cuanto a sus luchas, *es más adecuado considerar como productivo el trabajo que directamente interviene en la*

[1] Karl Marx, *El capital*, Siglo XXI, México, 1976, t. II, vol. 4, pp. 178-179; *Elementos fundamentales para la crítica de la economía política (borrador) 1857-1858*, Siglo XXI, México, 1971, t. I, pp. 429-430; *Historia crítica de las teorías de la plusvalía*, Fondo de Cultura Económica, México, 1945, t. I, pp. 280-292.

[2] Marx, *El Capital, libro I, cap. VI (inédito)*, Siglo XXI, México, 1981, p. 77.

*producción de mercancías y en el proceso necesario (socialmente determinado) de su realización.* Esto permite reconocer que existen grandes diferencias en el condicionamiento político de los explotados que proviene de las diferencias objetivas entre las labores creadoras de valor y vinculadas al consumo productivo de éste, con las ligadas a la realización de la plusvalía y al consumo personal o improductivo del valor. Esto es, lo productivo o improductivo del trabajo.

Resultarán así improductivas las labores, sean o no remuneradas, consistentes en servicios personales y de la administración pública o privada que no scan necesarios en los procesos de producción y realización de las mercancías. Esto deja de lado labores que efectivamente incrementan el capital (por ser explotadas) en el sentido de sustentar la ampliación de los procesos de acumulación y de realización del valor, pero que los incrementan sólo indirectamente en vista de que no producen valor. En efecto, es principalmente a través de las esferas de la apropiación, distribución y realización de la plusvalía que se sustentan y reproducen estas actividades sin crear nuevo valor. Este carácter improductivo no supone que se trate de labores inútiles para el capital, ya que desempeñan el papel fundamental de ampliar las estructuras de realización de la plusvalía.[3]

En este segundo planteamiento es posible combinar las ventajas de la clasificación del trabajo productivo e improductivo para fines del análisis de los procesos de acumulación y también de la formación y actuación de las clases sociales. De manera que consideramos para nuestros fines analíticos que es productivo todo trabajo, asalariado o no, que se vincule directamente con los procesos de producción y consumo productivo del valor.

[3] Véase S. de la Peña, *El modo de producción capitalista*, Siglo XXI, México, 1978, p. 85.

En las comunidades estudiadas consideramos productivo el trabajo en las actividades agropecuarias, extractivas, manufactureras, construcción, así como en la generación y transmisión de energía y gas. El comercio que se practica en las comunidades consiste en su inmensa mayoría en la venta al por menor de bienes de uso final, por lo que se puede asumir que el trabajo aplicado en el mismo es improductivo. En lo que se refiere al transporte, en su mayoría corresponde al de personas, y en el caso de mercancías se trata de bienes "importados" por la comunidad para consumo final y de excedentes que salen. En vista de que la proporción del transporte relacionado con los procesos productivos no se puede calcular adecuadamente atribuiremos el total a la esfera productiva, ya que la mayoría parece tener este carácter. En el caso de los servicios administrativos públicos (educativos y otros) existe una situación similar a la del transporte, en cuanto a las dificultades para delimitar la parte que se requiere en la producción. Se consideran en esta investigación como improductivos por su escasa vinculación con los procesos de producción de valor o de su consumo productivo.

Las labores claramente improductivas se refieren a servicios personales como es el doméstico asalariado, de alimentación y otros, así como el trabajo no asalariado que no crea valor. Hay también trabajo no asalariado productivo, como es el del productor directo y el trabajador familiar no remunerado cuando se ocupan en procesos que crean mercancías. En cambio es improductivo el trabajo personal y familiar que no crea mercancías, ya se dedique a labores agrícolas de autoconsumo, domésticas familiares u otras de esta naturaleza.

Una vez establecidos los términos de referencia del que consideramos trabajo productivo e improductivo es necesario adelantar una explicación global acerca del surgimiento y reproducción del trabajo improductivo. En esta explicación, como sucede en muchas otras que se refieren a aspectos de la vida comunitaria rural, intervienen tanto categorías correspondientes al capitalismo industrial como otras que las "atraviesan" a éstas y a la sociedad local en su conjunto, que resultan de la existencia de contradicciones secundarias. En unos casos se trata de elementos de la vida familiar y comunal. En otros consisten en formas de dominación que afectan a componentes de las clases sociales sin distinción como tales y a veces sirven a la explotación capitalista, como son las bases de la sujeción étnica, de minorías nacionales, raciales, religiosas, sexuales, generacionales, educativas y otras. Estas formas de dominio pueden o no reforzar la explotación capitalista o reproducir explotaciones de otra naturaleza.

Cabe aclarar que cuando nos referimos a la sociedad capitalista mexicana lo hacemos considerando que está en transición hacia el capitalismo industrial desde tiempo atrás. La transición comprendió una etapa de articulación de modos de producción ya terminada, pero cuyos vestigios en las comunidades investigadas los hemos puesto de relieve en apartados anteriores. Lo importante a resaltar en este apartado es que las categorías que se utilizan corresponden al del modo de producción capitalista. Por esta razón es necesario calificar su aplicación en casos concretos en los que los elementos fundamentales del capitalismo están acompañados, y en ocasiones rebasados en su importancia social, por otros factores no capitalistas que son usualmente producto de contradicciones secundarias. Es necesario establecer la importancia relativa de estos elementos y los de la transición y de la articulación, ya que permiten la descripción y el análisis adecuados de la sociedad concreta y la identifica en su particularidad.

La creciente importancia del trabajo improductivo como esfera de ocupación de la fuerza de trabajo no es, como en ocasiones se afirma, una deformación del subdesarrollo ni solamente expresión de la incapacidad del sistema capitalista para generar el número suficiente de oportunidades de ocupaciones productivas. Sin dejar de ser este último punto un elemento importante en la explicación del fenómeno en las sociedades capitalistas atrasadas, el aspecto central que lo genera y reproduce consiste en las necesidades de realización de una plusvalía creciente. En este sentido es la ampliación de las actividades improductivas parte de las leyes de acumulación en el capitalismo.

La contradicción estructural del capitalismo consiste en la falta de correspondencia entre las estructuras productivas y distributivas del valor. Dicha contradicción se resuelve a cada instante mediante la realización de la plusvalía a través de las vías creadas en la esfera distributiva que comprende no solamente los canales del sector productivo sino de las actividades improductivas. Las primeras tienden a reducirse en importancia demográfica y ocupacional por efecto de la permanente transformación tecnológica, y por lo mismo deben ampliarse las actividades improductivas para realizar la plusvalía.

En efecto, la plusvalía crece gracias a la expansión constante y acelerada de la capacidad productiva de la fuerza de trabajo y de la explotación. La masa de valor crece por encima de la expansión de la población ocupada en labores productivas al sustituir trabajo vivo por máquinas. El exceso de valor respecto al usado y consumido por el aparato productivo y el consumo de las familias ligadas al mismo debe realizarse en otra esfera, a menos que se modifiquen las bases mismas de la explotación capitalista. En vista de que la alteración de la intensidad de la explotación supondría un cambio fundamental en el modo de producción capitalista y en su objetivo principal, se traslada preferentemente la solución fuera de la esfera productiva.

Es necesario aclarar que la reiteración de la solución a la incompatibilidad de las estructuras productivas y distributivas de valor en el capitalismo, mediante la proliferación de labores improductivas, es sólo instantánea. Esto significa que la existencia de un sector ampliado de la esfera distributiva, que de hecho modifica su estructura global, no elimina la contradicción *que se reproduce constantemente en la esfera productiva*. Es decir, dicha incompatibilidad surge de nuevo cada vez que se reinicia el proceso productivo, pero se alivia en parte al entrar en operación las vías adicionales (a las de la esfera productiva) de realización de la plusvalía que forman las estructuras distributivas de las actividades improductivas.

Esta solución instantánea a la no correspondencia entre estructuras productivas y distributivas *de la esfera productiva* no elimina la tendencia permanente hacia la reproducción de la crisis que alimenta la incorrespondencia. Lo que sí produce es una alteración importante en dicha tendencia en el sentido de que permite ampliar el período de su recurrencia aplazando la crisis hasta por períodos largos. Este aplazamiento abre, por lo mismo, un espacio adicional a la operación de instrumentos capitalistas de estímulo para acelerar el desarrollo de las fuerzas productivas y la acumulación, y para compensar en parte algunos de los factores de desequilibrio y de crisis. En estos efectos se sustentan acciones de política económica como las de la economía keynesiana, aunque su aplicación también introduce factores de desequilibrio permanente que no se alivian más con la solución consistente en la destrucción de valor en la crisis cíclica (ahora de período diferente). Tal es el caso de los impulsos inflacionarios acumulativos e irreversibles, que ya forman parte de la operación regular de la economía capitalista actual, esté o no en crisis. La inflación permanente se origina, en gran medida, en la necesaria expansión del gasto deficitario público y privado que supone este tipo de política económica, y la expansión irresistible de la esfera improductiva exigida para la realización de la plusvalía. Mediante la proliferación de labores improductivas se puede, por lo tanto, ampliar la capacidad social de realización de la plusvalía. Es claro que esta ampliación puede llegar a poner en peligro la esencia misma del capitalismo, si se realiza mediante formas económicas no empresariales de redistribución de la capacidad de consumo del valor, o sea que debiliten el predominio de la explotación capitalista. De aquí que la forma de transferencia de excedentes del sector productivo al improductivo tiene que efectuarse sobre la base del reforzamiento de las relaciones de explotación capitalistas que son el cimiento del sistema. La transferencia se logra mediante el intercambio entre los sectores productivo e improductivo, de valor por una parte y servicios por la otra. Siempre que estos servicios sean comerciales, y sobre todo si tienden a reproducirse en forma empresarial, servirán al reforzamiento de las relaciones capitalistas en sus aspectos fundamentales: uno, realizando parte de la plusvalía; y dos, reforzando las relaciones de explotación capitalistas al reproducirlas, y con ello a su aparato ideológico y superestructural en general. Este mecanismo social de alivio instantáneo y reiterativo de la contradicción capitalista entre las estructuras productivas y distributivas del valor cobra un carácter particular en la sociedad atrasada.

Una de las características principales de las labores improductivas en las sociedades capitalistas atrasadas consiste en que dentro de éstas se encuentra un gran sector de trabajo improductivo no comercial ni explotado en términos capitalistas. El hecho de vincularse sólo indirectamente con el mercado y la explotación determina que el peso social de este sector improductivo se vea disminuido para las finalidades capitalistas y también para la lucha de las clases explotadas.

Solamente en la medida en que el trabajo improductivo entra en los circuitos empresariales de la explotación capitalista llena plenamente las funciones de realizador de plusvalía y de reforzador de esa forma de explotación. Y sólo en esta medida los explotados improductivos son integrados a las clases objetivas explotadas capitalistas.

Otra característica principal del trabajo improductivo en las sociedades subdesarrolladas consiste en que su crecimiento no sucede principalmente como una función del crecimiento de la plusvalía no realizada en la esfera productiva, como es en alguna medida el caso de los países capitalistas desarrollados. En los atrasados crece también a consecuencia de la expansión demográfica global (por la contracción de la tasa de mortalidad), y del desprendimiento de núcleos de otras formas de explotación para ser integrados a la capitalista.

El análisis del trabajo improductivo de las comunidades debe efectuarse primero en su conjunto y luego se debe distinguir el no sujeto a la explotación empresarial y el remunerado. Esta distinción es necesaria en vista de la gran diferencia social que tienen.

También es necesario considerar que son parte de la fuerza de trabajo todas las personas que hacen labores improductivas no comerciales independientemente de su edad, por cuanto ésta no tiene significado social alguno en este sector a diferencia de lo que sucede en el sector de trabajo remunerado (sea o no productivo).

En las comunidades estudiadas se encuentran en abundancia los dos tipos de trabajo improductivo. También resalta en las comunidades investigadas el que el proceso de proletarización del trabajo y de implantación de las relaciones de producción capi-

talistas ha sido parcial.[4] En efecto, la separación de
los trabajadores con respecto a los medios de producción se inició desde hace más de un siglo y
continúa efectuándose. En cambio la absorción del
excedente laboral y demográfico en actividades industriales, como se espera según la vía clásica, en
combinación con la ampliación correlativa de servicios y otras labores improductivas, ha sido casi in-
existente. Más usual ha sido, dentro de las comunidades, la expansión de las labores improductivas
remuneradas; y fuera de ellas, la incorporación de
los emigrantes de las comunidades a actividades
agrícolas y de servicios asalariados en otras regiones
y en centros urbanos. Sólo una pequeña proporción
de emigrantes que se trasladan a los grandes centros
urbanos tienen la oportunidad de incorporarse a la
construcción, y en menor grado a la industria de
transformación.

La expansión gradual de los trabajos improductivos remunerados dentro de las comunidades es un
fenómeno relativamente reciente que tiende a cobrar cada vez mayor importancia. A este cambio
ocupacional, de consecuencias sociales cada vez mayores, colabora el aumento del ingreso disponible en
la comunidad debido a que permite soportar más
labores no productivas (es claro que en el nivel
nacional esto desemboca en la relación ingreso-
oferta que condiciona la variación del consumo).
Esta capacidad de soporte de trabajadores improductivos se combina con la disponibilidad de un
gran contingente de personas sin posibilidad de obtener trabajo remunerado productivo. De esta manera se crean las condiciones sociales para que el
proceso de expansión de actividades improductivas
remuneradas se intensifique, en condiciones de salarios bajos.

[4] Véase L. Paré, *El proletariado agrícola en México*, es-
pecialmente los capítulos 3 y 6.

Estos procesos de expansión del trabajo asalariado improductivo tienen poca relación con la necesidad de realización de la plusvalía generada dentro de la comunidad. Esto es, una parte de la plusvalía creada en la comunidad se realiza y transfiere fuera de la misma. En realidad el soporte al trabajo improductivo remunerado de la comunidad lo forma una parte de dicha plusvalía sumada a la del resto del país que es transferida a la comunidad a través del poder de compra de ingresos obtenidos fuera de la misma.

El proceso antes descrito no corresponde directamente al del tránsito del trabajo campesino al proletario industrial, excepto en una proporción pequeña. En realidad la proletarización del trabajo sucede por vías más complejas y diferentes a las previstas en el proceso "clásico". Así por ejemplo, el trabajo improductivo de las comunidades, sea remunerado o no, se sostiene fundamentalmente gracias a la existencia de excedentes productivos del sector capitalista del país y de la transferencia de una parte de ellos a las comunidades rurales. A este excedente se suma la aportación, así sea modesta, de satisfactores materiales del sector de autoconsumo de las propias comunidades que en parte son consumidos por los núcleos de improductivos.

La información captada en el caso de las cuatro comunidades de nuestra investigación acerca de la importancia del trabajo productivo e improductivo muestra resultados que confirman algunas de las conclusiones a que se llegó en apartados anteriores.

En el cuadro 7 que se encuentra inserto en páginas anteriores (p. 76) se puede observar que en el conjunto de las comunidades la proporción de la fuerza de trabajo que realiza labores productivas es en general baja. En efecto, en el mejor de los casos, que es el de San Agustín, dicha proporción es de sólo 55% y en los peores del 44% (Santuario y El Maye). A manera de comparación puede señalarse que en el conjunto del país en 1970 dicha proporción fue de 62%,[5] la que por cierto tampoco se puede considerar favorable dados los niveles de miseria y el gran desperdicio de la capacidad productiva que existen. Es de resaltarse que el alivio y solución de esa miseria pasa necesariamente por la mayor productividad del trabajo y por ahora por la ampliación del trabajo productivo en términos absolutos, aunque declinará su representación relativa.

La relación entre trabajo productivo e improductivo en las comunidades bajo estudio es particularmente relevante para señalar la manera como se encuentran trabados los procesos de la transición hacia una sociedad capitalista industrial y la manera como ello auspicia la miseria rural. En efecto, ya fue señalado en apartados anteriores que el trabajo no alcanza los niveles históricos de productividad que tiene en el capitalismo más avanzado. Esto se debe en parte a las restricciones y limitaciones a una producción mayor que provienen de la concentración del capital. A estas restricciones, que son organizativas, legales, productivas y distributivas, corresponde lo limitado del proceso de proletarización en comunidades de este tipo.

Además de que está fuera de las posibilidades locales la solución de las restricciones sociales y económicas que existen para una acumulación capitalista más intensa y favorecer la elevación de la productividad del trabajo productivo, persiste la tendencia a la proliferación de las labores improductivas. Pero solamente por la ausencia de oportunidades suficientes de lograr una ocupación asalariada prevalecen los estímulos económicos para reproducir las formas improductivas de autoconsumo y familiares, no por la decisión de preservar las formas

[5] Dirección General de Estadística, *IX Censo General de Población, 1970*, México.

campesinas. La desgracia consiste en que la expansión de actividades improductivas tiene lugar en condiciones de miseria al no disponerse de ingresos que den un soporte más generoso a la población dependiente de este sector. Y seguirá en la situación presente mientras no logre ocupación remunerada. Desde luego que ésta es una situación diferente en cada comunidad, o sea que es peor en general en las comunidades con los recursos naturales más desfavorables (Santuario y San Agustín). Y también se trata de una etapa de transición, sin duda prolongada, en la que resalta la importancia de los factores no económicos de la reproducción de la familia campesina para su resistencia al embate capitalista.

En efecto, en el caso del campesinado la reproducción del sistema productivo y social involucra a toda la familia y a la comunidad. En contraste, en las relaciones capitalistas la familia comprende integrantes que pueden desarrollar labores en sectores diferentes y pertenecer a diferentes clases sociales (el padre obrero, la hija secretaria, el hijo dueño de un pequeño comercio). En este caso la familia tiene como tal una escasa función productiva, debido a que la práctica económica y política de cada uno de sus integrantes usualmente es individual. Sólo retiene cierta unidad económica la familia del capitalismo en cuanto a ser sostenida por las aportaciones monetarias de sus miembros remunerados y por los servicios familiares que prestan algunos de sus componentes como colaboración a la reproducción material. Estos servicios familiares no remunerados, aparte de otras peculiaridades, son una reminiscencia (y no por eso débil) del carácter precapitalista de la estructura familiar.

La familia campesina es la unidad fundamental de las relaciones sociales y productivas en modos de producción anteriores. En cambio es el trabajador la unidad fundamental en el capitalismo, aunque la familia constituye una unidad, por ejemplo para el soporte del Estado. En todo caso pierde, con respecto a la familia campesina, algunas funciones económicas y sociales.

La familia campesina se caracteriza por conjugar en su interior una diversidad de funciones y objetivos que sólo se pueden cumplir con base en la actuación concertada por todo el núcleo. La actividad económica y las relaciones sociales se realizan por la familia como conjunto. Por esto los factores materiales en la explicación de la sociedad campesina cobran un peso diferente que en el caso de la familia capitalista. En la sociedad campesina las relaciones familiares y comunales tienen una importancia principal por lo que la explicación de la misma tiene que tomar en consideración el peso adicional de factores no económicos en su formación y reproducción.

El análisis de los componentes productivos e improductivos de las comunidades bajo estudio se debe referir a los sectores de actividad económica. Contrariamente a lo que sucede en centros urbanos y en la sociedad nacional como conjunto, en estas pequeñas comunidades la existencia de manufacturas no supone necesariamente ventajas en cuanto al nivel de salarios de los trabajadores debido a la fuerte competencia por los puestos. Tal es el caso de los ocupados en los talleres artesanales donde no siempre obtienen salarios mayores que en las actividades agrícolas o en servicios. No obstante el ingreso total anual es de todas maneras más elevado cuando se trata de trabajos permanentes como es el caso de los talleres de incrustaciones de El Nith y de herrería de Santuario, en comparación con la ocupación en labores intermitentes.

En el cuadro 14 que en seguida se inserta se puede observar el predominio absoluto de las actividades agropecuarias entre las productivas (en términos de personas ocupadas) en el caso de El Maye

CUADRO 14
TRABAJO PRODUCTIVO POR PRINCIPALES SECTORES
DE ACTIVIDAD ECONÓMICA
(personas y porcentajes)

| | Santuario* 1973 | | El Maye* 1973 | | San Agustín 1974 | | El Nith* 1975 | |
|---|---|---|---|---|---|---|---|---|
| | Total | % | Total | % | Total | % | Total | % |
| Total población productiva | 133 | 100 | 159 | 100 | 125 | 100 | 151 | 100 |
| Agropecuario | 53 | 40 | 148 | 93 | 113 | 90 | 119 | 79 |
| Manufactura | 79 | 59 | 7 | 4 | 9 | 7 | 32 | 21 |
| Construcción | 1 | 1 | 4 | 3 | 3 | 3 | 0 | 0 |

FUENTE: Investigación directa.
* Barrios centrales.

y San Agustín. En cambio en Santuario la ocupación principal en labores productivas es la de manufacturas (59%) y en El Nith representan una fracción importante de la misma (21%). Sin embargo, se debe reiterar que la significación de estas actividades es ocupacional, más que indicio de un desarrollo superior capitalista.

La información acerca de la distribución del trabajo improductivo según sectores de actividad en las comunidades arroja resultados interesantes que se consignan en el cuadro 15 que más adelante se inserta. Resalta entre esos resultados que la proporción de trabajo improductivo remunerado dentro del total improductivo es notablemente bajo en las cuatro comunidades. También llama la atención que los niveles mayores sean los correspondientes a Santuario y El Maye. Es decir, en las comunidades que están supuestamente en los extremos inferior y superior del desarrollo capitalista, entre las cuatro seleccionadas, la proporción entre trabajo improductivo remunerado y sin remuneración es la más elevada.

Lo anterior nos habla de que la necesidad de soporte de una parte de la familia y de la comunidad con los ingresos monetarios obtenidos en actividades remuneradas no es diferente en las comunidades más pobres y en las que cuentan con ingresos un poco más elevados. Es decir, en todas las comunidades las labores familiares improductivas no remuneradas y las de autoconsumo, dependen de los ingresos obtenidos por los que realizan trabajos remunerados, pero estas labores improductivas no remuneradas aportan a su vez bienes y servicios esenciales para la reproducción familiar. Sin embargo, estas labores y los productos que crean representan una fracción pequeña en la reproducción familiar. Otro sería el caso si, por ejemplo, el autoconsumo aportase la mayor parte de los satisfactores materiales que requiere la familia ya que en estas con-

CUADRO 15
TRABAJO IMPRODUCTIVO POR PRINCIPALES SECTORES
DE ACTIVIDAD ECONÓMICA
(personas y porcentajes)

| | Santuario* 1973 | | El Maye* 1973 | | San Agustín 1974 | | El Nith* 1975 | |
|---|---|---|---|---|---|---|---|---|
| | Total | % | Total | % | Total | % | Total | % |
| Total población improductiva | 110 | 100 | 140 | 100 | 74 | 100 | 112 | 100 |
| TOTAL REMUNERADA | 28 | 26 | 37 | 26 | 8 | 11 | 11 | 10 |
| Servicios | 4 | 4 | 12 | 8 | 2 | 3 | 1 | 1 |
| Educación | 9 | 8 | 8 | 6 | 0 | 0 | 0 | 0 |
| Comercio | 13 | 12 | 16³ | 11 | 6 | 8 | 10 | 9 |
| Doméstico remunerado¹ | 2 | 2 | 1 | 1 | 0 | 0 | 0 | 0 |
| TOTAL NO REMUNERADA | 82 | 74 | 103 | 74 | 66 | 89 | 101 | 90 |
| Agropecuario de autoconsumo | 12 | 11 | 4 | 3 | 1 | 1 | 7 | 6 |
| Doméstico no remunerado² | 70 | 63 | 99 | 71 | 65 | 88 | 94 | 84 |

FUENTE: Investigación directa.
* Barrios centrales.
¹ Se refiere al trabajo doméstico remunerado que se realiza dentro de la comunidad.
² Incluye a quienes exclusivamente se dedican a labores domésticas no remuneradas, ya que quienes tienen además otra actividad remunerada no fueron considerados bajo este rubro.
³ Hay además 27 comerciantes ambulantes que no se incluyen porque trabajan fuera de la comunidad.

diciones lo que actuaría como complemento sería el ingreso monetario y sería diferente su papel en la reproducción de las relaciones productivas familiares. Pero en cualquier caso la relación entre ambos tipos de producción es complementaria dentro de la familia y la comunidad, por lo que está presente en todos los aspectos y momentos fundamentales de estos sectores y de la sociedad como conjunto. Influirá en las condiciones de la fijación del valor de la fuerza de trabajo, de la lucha de clases, de la reproducción familiar, etcétera.

También resalta en el cuadro anterior el que en las actividades improductivas remuneradas tienen una presencia importante el grupo de personas dedicadas al comercio en todas las comunidades (entre el 8 y el 12% del total de trabajadores improductivos). En la mayoría de los casos se trata de pequeños comerciantes que realizan labores complementarias de ventas finales. Son en su mayoría labores socialmente prescindibles por cuanto sólo multiplican la variedad de la oferta de estos servicios, o sea se reparten las ventas entre más comerciantes.

También interesante en el grupo de personas que realizan labores improductivas remuneradas es el de los profesores. Es de recordar que, dado el nivel de miseria prevaleciente, el ingreso de estos trabajadores es de los más elevados en las comunidades. En el caso de Santuario y El Maye los profesores son residentes por lo que están dentro del núcleo que realiza trabajos improductivos remunerados. En cambio en las otras dos comunidades los profesores no residían en las comunidades por lo que no son captados como parte de la fuerza de trabajo de éstas.

En las actividades improductivas no remuneradas tiene el peso mayor en todas las comunidades el trabajo familiar, el que representa entre 63 y 88% del total del trabajo improductivo. Solamente en el caso de Santuario el trabajo de autoconsumo es importante (11%) aunque no deja de estar presente en todas las comunidades. Sin embargo, sobre la base de las diversas interpretaciones que a lo largo de este análisis se han hecho, se puede sostener que en realidad en estas comunidades el trabajo de autoconsumo se convierte cada vez más en una variante del trabajo familiar doméstico no remunerado. El hecho de que se produzca un poco de maíz y no servicios familiares (cocinar, limpieza), influye cada vez menos para diferenciar su carácter. En efecto, lo principal y significativo en estas labores de autoconsumo es que se realizan por dependientes familiares cuya aportación material a la reproducción es decreciente y se asemeja a la usual en la sociedad capitalista urbana. Es claro que la importancia y el carácter del sector de autoconsumo dentro de la familia y la comunidad depende de que la aportación material sea fundamental o marginal.

La proporción entre trabajo productivo e improductivo en términos de número de personas nos indica solamente la relación ocupacional. Sin embargo, para nuestros propósitos resulta importante estudiar la intensidad de las labores realizadas en uno y otro tipo de trabajo. Para ello disponemos de la información global del número de horas de trabajo realizado por año en uno y otro tipo de labores. A fin de que la comparación cobre mayor significación se han computado las horas de trabajo productivo e improductivo, pero deduciendo de éstas las correspondientes al trabajo familiar doméstico. Esto se hace con el fin de evitar el peso desproporcionado que en tiempo dedicado tiene este tipo de trabajo, que además no es del todo comparable con otros. Tal es el caso de la vigilancia por niños de los pequeños hatos y rebaños familiares.

Del cuadro siguiente se desprende la gran importancia que guarda el trabajo improductivo con respecto al total en el caso de Santuario (34%). Este

CUADRO 16
TRABAJO PRODUCTIVO E IMPRODUCTIVO
(miles de horas y porcentajes)

| | Santuario* 1973 | | El Maye* 1973 | | San Agustín 1974 | | El Nith* 1975 | |
|---|---|---|---|---|---|---|---|---|
| | Total | % | Total | % | Total | % | Total | % |
| Total horas de trabajo | 314 | 100 | 376 | 100 | 184 | 100 | 312 | 100 |
| Total horas de trabajo productivo | 206 | 66 | 296 | 79 | 166 | 90 | 258 | 83 |
| Total horas de trabajo improductivo[1] | 108 | 34 | 80 | 21 | 18 | 10 | 54 | 17 |

FUENTE: Investigación directa.
* Barrios centrales.
[1] No se contabiliza el trabajo doméstico familiar (no remunerado).

gran peso de las labores improductivas aún sería mayor si se hubiesen sumado las horas de trabajo familiar improductivo. En todo caso uno de los aspectos a resaltar es que en la comunidad más pobre no sólo tiene un mayor peso el trabajo improductivo sobre el productivo sino que además, como ya habíamos visto, éste tiene una remuneración menor.

Se completa la información anterior con la relativa a la distribución del trabajo productivo e improductivo por sectores de actividad económica. Ésta se concentra en los cuadros 17 y 18 que en seguida se insertan.

En el caso del trabajo productivo son las labores agrícolas las que absorben la mayor parte del esfuerzo medido en horas, excepto en el caso de Santuario. En esta comunidad el trabajo aplicado a las manufacturas representa el 69% del total productivo, lo que es casi tres veces más que en el caso de El Nith. Esto sólo confirma las apreciaciones efectuadas en páginas anteriores acerca de la importancia ocupacional de las manufacturas, sin constituir ello una base de transformación capitalista más ventajosa.

Por lo que se refiere al trabajo improductivo (que en el cuadro 12 no incluye el familiar no remunerado) la actividad que absorbe mayor esfuerzo en horas es el comercio en el caso de San Agustín y El Nith. En El Maye son los servicios y el comercio los de mayor importancia, y en el caso de Santuario es la agricultura de autoconsumo en la que se aplica la mayor parte del trabajo improductivo.

El significado de estas diferencias del trabajo improductivo aplicado según sectores de actividad se encuentra en el peso de las labores de autoconsumo, que son particularmente importantes en Santuario aunque la producción física que logra es muy pequeña. Se puede ver que si se comparan solamente las actividades terciarias (comercio, servicios, etcétera) el peso principal en todas las comunidades

CUADRO 17
TRABAJO PRODUCTIVO POR SECTORES DE LA ACTIVIDAD
ECONÓMICA
(miles de horas y porcentajes)

|  | Santuario* 1973 | | El Maye* 1973 | | San Agustín 1974 | | El Nith* 1975 | |
|---|---|---|---|---|---|---|---|---|
|  | Total | % | Total | % | Total | % | Total | % |
| TOTAL | 206 | 100 | 296 | 100 | 166 | 100 | 258 | 100 |
| Agropecuario | 64 | 31 | 265 | 90 | 141 | 85 | 195 | 76 |
| Manufactura | 142 | 69 | 31 | 10 | 25 | 15 | 63 | 24 |

FUENTE: Investigación directa.
* Barrios centrales.

**CUADRO 18**
**TRABAJO IMPRODUCTIVO POR SECTORES DE LA ACTIVIDAD**
**ECONÓMICA**
*(miles de horas y porcentajes)*

| | Santuario* 1973 | | El Maye* 1973 | | San Agustín 1974 | | El Nith* 1975 | |
|---|---|---|---|---|---|---|---|---|
| | Total | % | Total | % | Total | % | Total | % |
| TOTAL | 108 | 100 | 80 | 100 | 18 | 100 | 54 | 100 |
| Agropecuario | 61 | 56 | 3 | 4 | 3 | 17 | 10 | 18 |
| Comercio | 28 | 26 | 27 | 34 | 10 | 55 | 42 | 78 |
| Servicios | 7 | 7 | 37 | 46 | 3 | 17 | 2 | 4 |
| Educación | 10 | 9 | 11 | 14 | 0 | 0 | 0 | 0 |
| Trabajo doméstico remunerado | 2 | 2 | 2 | 2 | 2 | 11 | 0 | 0 |

FUENTE: Investigación directa.
* Barrios centrales.

será el del comercio y servicios. Ésta es la proporción usual en poblaciones urbanas, lo que señala que solamente la presencia del autoconsumo modifica en las comunidades las tendencias prevalecientes en la generalidad de la población económicamente activa nacional.

El resultado anterior indica en términos cuantitativos la importancia del proceso general nacional de "terciarización". Éste consiste en la expansión más acelerada de la ocupación en actividades de servicios y otras improductivas en comparación con las productivas. Ya hemos señalado que este proceso es consecuencia de las leyes de acumulación capitalista a nivel nacional. Lo que resalta en estos resultados es que dicha "terciarización" se extiende masivamente a las zonas rurales dando lugar a importantes fenómenos nuevos, entre otros, la retención de un mayor excedente económico en la propia localidad para sostener a la población improductiva. Esto se logra elevando la productividad del trabajo productivo local o cambiando las corrientes del excedente: reducir el que se cede y, llegado el caso, recibir excedentes netos por alguna de las diversas vías sociales. Se puede adelantar que en las comunidades más pobres en recursos naturales la tendencia será la de recibir "subsidios" en excedente. En cambio tenderán a elevar la productividad (y el excedente neto cedido) las comunidades con recursos que permitan incrementar los rendimientos agropecuarios.

# 8. CLASES Y LUCHAS SOCIALES EN LA COMUNIDAD RURAL

En este apartado se tratarán algunos aspectos relacionados con la existencia y acción de fuerzas sociales dentro de las comunidades rurales. Para este objeto es conveniente empezar por examinar el surgimiento de las clases sociales y la forma de su actuación.[1]

Es necesario recordar que las clases sociales surgen en las sociedades sustentadas en relaciones de explotación en las que el determinante social central proviene del dominio de los medios de producción, a diferencia de sociedades en las que la forma de explotación principal es de carácter político, racial, religioso, militar, la cual asegura a su vez el dominio en la apropiación y distribución del plustrabajo. En estos casos no es que el condicionante final de la vida social no sea la base material ni que la relación económica no sea importante, sino que ésta se encuentra inserta en la relación de dominio principal.

En las sociedades capitalistas el componente no

[1] Se han elaborado una gran diversidad de estudios de caso y de elaboraciones teóricas sobre la cuestión de la formación y actuación de las clases en áreas rurales. Entre los más recientes se encuentran: Bernard Lambert, *Los campesinos en la lucha de clases*, Extemporáneos, México, 1971; D. Lehmann y H. Zemelman, *El campesinado: clase y conciencia de clase*, Nueva Visión, Buenos Aires, 1972; P.-P. Rey, *Las alianzas de clases*, Siglo XXI, México, 1976; José Ma. Rojas, "Aproximaciones conceptuales a la formulación de la teoría de las clases sociales", en *Estudios rurales latinoamericanos*, vol. I, núm. 3, septiembre-diciembre de 1978, Colombia. Para el caso de México, véase nota 2 de la introducción.

económico está presente en la dominación, pero la
relación de las personas y grupos con la propiedad
de los medios de producción pasa a un primer plano. Esto es, la explotación se sustenta en el derecho
de propiedad y tiene lugar por la existencia de trabajadores libres dispuestos a asalariarse. La existencia de relaciones de explotación capitalistas y su ge-
neralización es lo que determina la formación de las
clases sociales del capitalismo. La relación económica es la fundamental en ello y los elementos ideológicos y la superestructura cultural y jurídica, operan a favor del reforzamiento del dominio del grupo
explotador, pero no principalmente en términos económicos sino a través de formas de compulsión y
dominación no económicas, a lo cual ayuda el
Estado.

El principal papel del Estado de la sociedad de
clases consiste en la creación y reproducción de los
elementos de dominio no económicos (a través sobre
todo de la acción ideológica) a fin de crear la base
consensual que permita la operación del sistema de
producción y apropiación del plustrabajo. Sin embargo, es a tal grado poderosa y determinante la
relación propiedad-apropiación en estas sociedades,
que su peso en la determinación de las fuerzas sociales que se forman es fundamental, sin dejar de
estar presentes y ejerciendo su influencia los factores no económicos. Por lo mismo el Estado se define y es diferente a los anteriores modos de producción.

La diferencia entre la sociedad de clases y las
sustentadas en otras estructuras sociales nos remite
a la diferencia en la forma de dominio sobre los medios de producción en la generación y apropiación
del plustrabajo. En las primeras el dominio es principalmente privado, lo que enfrenta directamente al
propietario con el trabajo explotado, quedando a
cargo del Estado la mediación a través de otros elementos de dominio, aunque no solamente, ya que

también refuerza directamente la dominación económica sobre el trabajo. En este aspecto actúan elementos de la sociedad civil que también efectúan funciones de intermediación ideológica y cultural. En efecto, la relación directa y cruda de la explotación es lo que hace necesaria la existencia de un Estado de clase que asegure, a través del dominio, coerción, dirigencia y consenso, la reproducción social.

En las sociedades que no son de clase la explotación, el dominio sobre los medios de producción y la forma de apropiación del plustrabajo no son principalmente privados sino comunales, institucionales, sociales. La propiedad comunal, de la iglesia o reales, imperiales, se combina con la privada. Las fuerzas sociales principales son las que se generan en las contradicciones centrales que son políticas, raciales, religiosas, gremiales, etc., que con frecuencia existen en las sociedades capitalistas, pero usualmente en forma de contradicciones secundarias. El hecho de que tales contradicciones resulten de un dominio no económico quiere decir que las relaciones económicas que las originan, y a las cuales sirven esas formas de dominio, no se reproducen sobre bases del intercambio sino de la compulsión extra-económica. Por ejemplo, la existencia del esclavo y su explotación se sustenta en la compulsión no en un acuerdo o contrato de intercambio de tiempo de trabajo por salario que es susceptible de cancelarse por ambas partes. Las castas y estratos tienen una clara referencia económica en cuanto a su origen y consecuencia de su existencia (la sustracción y apropiación de plustrabajo), pero lo que es determinante para su permanencia, cohesión y actuación son los factores no económicos, como pueden ser un pacto feudal o una estructura de dominación hereditaria.

Para avanzar en la discusión debe aclararse la importancia del análisis de las clases. Éste tiene el objeto de examinar a las fuerzas sociales en su cons-

titución, organización y actuación. Las fuerzas sociales tienen como referencia *inicial* a las clases objetivas, que se determinan por la posición que guardan
las personas y núcleos en la relación de explotación.
Pero la posición objetiva en la relación de explotación es solamente la matriz de origen, no la determinante de la actuación política de las clases. Por
lo mismo el examen de la posición objetiva es sólo
el primer paso en el análisis de las clases sociales y
sus luchas. Vale resaltar que en el caso de las agru-
paciones sociales no clasistas el problema metodológico es similar.

De manera que la ubicación social de los individuos sólo condiciona su actuación política. Pero ésta
puede identificarse con su propia clase o con los intereses de otra clase. La actuación política ál socia-
lizarse integra a los individuos a las fuerzas sociales. Por una diversidad de causas tiene lugar la
desvinculación entre la posición objetiva de clase y
la actuación política. De aquí que la integración de
las fuerzas sociales consista en la incorporación pro-
positiva de personas y núcleos sociales a posiciones
de clase, sea o no la propia. Se constituye de esta
forma una fuerza social que es un conjunto hetero-
géneo que asume la representación de los intereses
de la clase y los expresa. Así la clase objetiva se
puede disgregar en fracciones según la posición clasista que asumen, la que puede ser desde la propia
(asumen su conciencia de clase) o una opuesta
(asumen otra ideología y se integran a otra fuerza
clasista) u optan por la no participación.[2] Esta dis-
gregación tiene lugar en las clases dominantes, en
las dominadas y también en los sectores sociales que
no son parte de las clases objetivas (estudiantes,
amas de casa, etc.). De esta manera es común y

[2] S. de la Peña, *Clases y fuerzas clasistas*, ponencia al
Seminario sobre estudio de la historia del movimiento
obrero en América Latina, Caracas, Venezuela, mayo de
1979.

masivo el divorcio entre la posición objetiva clasista y la asumida políticamente, usualmente correspondiente al de la clase dominante.

En la formación de la brecha entre la posición objetiva clasista de personas y grupos, y la política, influyen diversos elementos. Son particularmente importantes los ideológicos y los culturales (producto en gran medida de los ideológicos), en cuanto son los medios principales de la clase hegemónica, a través de su Estado, para obtener legitimidad y consenso para su dirigencia y dominio.

El planteamiento que adoptamos para el examen de algunas de estas cuestiones en las comunidades estudiadas consiste en que en la formación de las clases objetivas y de los núcleos sociales se expresa la articulación entre el modo de producción capitalista y cualquier otro presente en la comunidad. También que la forma de participación de núcleos surgidos en modos de producción no capitalistas en las fuerzas sociales, es otra constancia de la articulación.

El problema metodológico para efectuar esta parte de la investigación, presentó dificultades diversas. Éstas van desde consideraciones sobre el campo analítico mínimo necesario para efectuar exámenes de esta naturaleza hasta definir la manera como se expresa la articulación entre clases.

Por lo que se refiere al campo analítico para el examen de las clases sociales se llegó a la conclusión, tras una larga discusión, que en cada modo de producción y para cada clase existe un agregado social mínimo necesario para poder estudiar la expresión social de los mismos.[3] La hipótesis consiste en que dicha dimensión social corresponde a la que requiere el grupo o clase para la expresión política de sus intereses. De aquí que dicha dimensión es el

[3] Véase S. de la Peña, *El modo de producción capitalista*, Siglo XXI, México, 1978.

de la sociedad donde surgen y se dirimen las diferencias clasista, lo que está aparentemente determinado por el ámbito de dominio de la clase dominante. Ésta, en el capitalismo, es la nación mientras que, por ejemplo, en el feudalismo era el feudo.

Otra cuestión diferente al ámbito social en donde se expresan plenamente las clases fundamentales de cada modo de producción es el relativo al espacio *mínimo* necesario para estudiar las representaciones y presencias principales de las clases fundamentales. En este caso es el espacio social en el que tiene lugar la relación de explotación fundamental. Así por ejemplo, en el caso del modo de producción feudal consistiría en el espacio en el que tiene lugar el enfrentamiento social entre la clase señorial y el campesinado. En el caso del capitalismo sería la dimensión social en la que se enfrentan los empresarios y los trabajadores como clases, o sea en su diversidad más representativa para imponer y defender la forma de explotación, por una clase, y para defenderse, alterar y destruir dicha forma de explotación, por la otra.

Una de las conclusiones a que llevan las consideraciones anteriores consiste en que en el nivel de agregación social de las comunidades rurales se pueden observar algunas expresiones de clase y se puede determinar la presencia de núcleos que forman parte de las clases objetivas. Ahora veremos algunos de los resultados relevantes de este análisis en las comunidades, y más adelante se tratará sobre las expresiones de los intereses de clase y de los mecanismos ideológicos que operan en éstas.

A través de la cédula censal aplicada se captó una información limitada sobre la presencia de componentes de las clases sociales del capitalismo en las comunidades estudiadas. Un primer elemento para el análisis clasista se encuentra en la determinación de la clase de pertenencia de las personas, según su posición en las relaciones de explotación. Esto eliminó de la cuantificación al conjunto de personas que laboran dentro del ámbito familiar en trabajos improductivos, y no remunerados. Del grupo que trabaja en actividades agropecuarias de autoconsumo solamente se incluyeron a los adultos eliminando de la clasificación a todos los demás que en este tipo de producción colaboran sin retribución. Lo mismo se hizo en el caso de las labores domésticas, ya fuesen amas de casa o familiares que ayudan sin retribución a las labores familiares.

El instrumento de captación de la información se diseñó a partir de las conclusiones de un largo proceso de discusión teórica. En el caso de las clases sociales del capitalismo se encontraron dificultades que se refieren principalmente a que las personas usualmente tienen varias actividades, las que no siempre coinciden en cuanto a ubicarlos en la misma clase social. Además existen pequeños productores que tienen características de pequeña burguesía, pero aún no lo son. Por ello se retuvo esa denominación. Más adelante se describe la compleja situación que existe y se trata de explicar.

Un problema más difícil de resolver es el de las clases o grupos y estratos formados en relaciones de explotación no capitalistas. El problema no es de orden teórico o de insuficiencia instrumental sino de *ausencia* de dichas relaciones en el caso de las cuatro comunidades estudiadas. Por lo mismo no se encuentran componentes que pertenezcan objetivamente a clases, estratos o castas no capitalistas. Por esta razón tampoco se encuentran campesinos, según la definición clasista, la que es diferente a la concepción popular y de la sociología no marxista que supone que son campesinos todas las personas que laboran en el campo (criterio económico-geográfico) y son más o menos pobres (criterio económico).

En los resultados cuantitativos no aparecen personas cuya posición objetiva clasista principal sea

de campesino (productor esencialmente de autoconsumo y autosuficiente) por no encontrarse nadie
en la comunidad en este caso. Sólo hay quienes
tienen como segunda posición de clase a la campesina.

El criterio para definir la posición de clase principal de cada persona consistió en considerar ésta
la correspondiente a la actividad y posición que le
permite satisfacer la mayor proporción de los requerimientos materiales para la reproducción y sostenimiento personal y familiar. La segunda posición de
clase y las subsecuentes (se detectaron hasta cuatro
posiciones de clase en unos pocos casos) se defi-
nen con igual criterio para apreciar la posición objetiva de clase.

Es diferente la cuestión de la calificación clasista
de campesinos en cuanto se consideran criterios políticos, culturales e ideológicos. En realidad estos
elementos de juicio no son suficientes ya que los elementos ideológicos y culturales campesinos, y los
de otras clases no capitalistas, se encuentran imbri-
cados con los capitalistas. Ésta es una segunda parte
del análisis que se orienta a la apreciación de la
formación de las fuerzas sociales clasistas, más que
a la definición de la posición objetiva.

Antes de adentrarse en el examen de los resultados cuantitativos del análisis de clase debe aclararse que esta clasificación responde a la posición objetiva *principal* de las personas en las relaciones de
explotación y no a su situación legal. Por ejemplo,
los ejidatarios quedaron asignados respectivamente
a la clase principal a que pertenecen, ya fuesen jornaleros, obreros, pequeños productores (que incluye
a los pocos pequeños burgueses que son identificables), etc. En el caso de este grupo la vinculación
con la tierra aparece formalmente de dominio, no
de propiedad, lo que constituye sin duda una particularidad. Sin embargo, la observación de su forma de operación, organización de la producción y

participación en los procesos productivos y distributivos capitalistas, *incluyendo el alquiler permanente o muy frecuente de mano de obra,* los hace ubicables en esta clase. Todo ello a pesar de que no pueden vender la tierra, es decir, una de las características estructurales capitalistas está limitada, que es la de la movilidad del capital. Esto introduce una diversidad de perturbaciones a la operación capitalista y a la actuación política de los ejidatarios, lo cual ha sido ampliamente observado en diversos estudios.[4]

En el caso de ejidatarios cuya ubicación de clase es de explotados (jornaleros, obreros, empleados) no es menos contradictoria la vinculación que retienen con la tierra. También aquí se restringe una de las características clasistas del trabajo asalariado que es la ruptura con los medios de producción. Esta vinculación a la tierra y la menor movilidad del trabajo es motivo de importantes peculiaridades en el caso mexicano, algunas de las cuales alimentan la persistencia de rasgos formales y estructurales campesinos.

La agrupación según clase principal se concentra en el siguiente cuadro que incluye solamente a las personas que viven en la comunidad.

En el cuadro 19 se observa que la presencia de representantes directos de la burguesía es nula. Esto es, en todos los casos las personas de mayor peso económico y político que dominan los procesos de explotación son capitalistas en pequeño que difícilmente pueden catalogarse como empresarios medios. Los que concentran mayor poder son algunos comerciantes de cierta importancia que se dedican a adquirir parte de la producción local para revender-

[4] Véanse por ejemplo, Moisés T. de la Peña, *El pueblo y su tierra; mito y realidad de la reforma agraria en México,* Cuadernos Americanos, México, 1964; y Michel Gutelman, *Capitalismo y reforma agraria en México,* ERA, México, 1974.

CUADRO 19
CLASE PRINCIPAL
*(personas y porcentajes)*

| | Santuario* 1973 | | El Maye* 1973 | | San Agustín 1974 | | El Nith* 1975 | |
|---|---|---|---|---|---|---|---|---|
| | Total | % | Total | % | Total | % | Total | % |
| TOTAL | 123 | 100 | 222 | 100 | 120 | 100 | 162 | 100 |
| *Clases explotadas* | 69 | 56 | 138 | 62 | 73 | 61 | 111 | 69 |
| Jornalero | 14 | (11) | 110 | (50) | 66 | (55) | 94 | (58) |
| Obrero industrial | 26 | (21) | 8 | (3) | 5 | (4) | 3 | (2) |
| Artesano | 14 | (11) | 0 | (0) | 0 | (0) | 4 | (3) |
| Empleado | 15 | (13) | 20 | (9) | 2 | (2) | 10 | (6) |
| *Pequeño productor*¹ | 54 | 44 | 84 | 38 | 47 | 39 | 51 | 31 |
| Agrícola-ganadera | 1 | (1) | 39 | (18) | 36 | (30) | 19 | (12) |
| Artesanos | 43 | (35) | 4 | (2) | 6 | (5) | 23 | (14) |
| Comerciantes | 9 | (7) | 40 | (18) | 5 | (4) | 7 | (4) |
| Servicios | 1 | (1) | 1 | (—) | 0 | (0) | 2 | (1) |

FUENTE: Investigación directa.
* Barrios centrales.
¹ Incluye a pequeños burgueses.

la a los grandes compradores nacionales en el caso de la producción comercial de las zonas con riego (El Maye, El Nith). La proporción mayor de esta producción la adquieren directamente los acaparadores de la ciudad de México.

En el caso de las comunidades más pobres, y también del comercio menor de las comunidades más avanzadas, los comerciantes realizan ventas internas de productos del resto del país y revenden regionalmente algunos productos locales. En la mayoría de los casos se trata de pequeños comerciantes que son parte del aparato capitalista de distribución de mercancías industriales. No se encuentran comerciantes-prestamistas o comerciantes-acaparadores de productos locales, como es el caso en otras regiones y épocas.

Resalta la proporción elevada en todas las comunidades de los pequeños productores que incluye a ejidatarios (del tipo a que nos hemos referido) y pequeños propietarios. El alto peso de los pequeños productores se debe a que proliferan por la combinación del efecto de la reforma agraria con la pobreza de los recursos ya que ello limita la concentración de la tierra. En esto es determinante la protección de la legislación agraria para retener la tierra.

Una segunda apreciación global se refiere a la proporción elevada de los jornaleros agrícolas en el conjunto de las clases en El Maye, San Agustín y El Nith (50, 55 y 58% respectivamente). En contraste, en el caso de Santuario es apenas del 11%. Esto se debe principalmente a la reducida posibilidad de recurrir al trabajo asalariado en esta última comunidad, debido a la ya citada pobreza de los recursos agrícolas.

En contraste, la relativa importancia del conjunto de asalariados en talleres artesanales de Santuario (sumados a los pocos obreros industriales) compensa en gran medida la ausencia relativa de jornaleros agrícolas. Debe resaltarse que se trata de in-

tegrantes de las clases explotadas, pero con fuertes
vinculaciones extraeconómicas que alteran considerablemente la relación de explotación. En rigor el
carácter de ésta, aunque en esencia capitalista, tiene
numerosos rasgos de formas no capitalistas de explotación. Por ejemplo, existen diversas vinculaciones de dominio y explotación personales y de grupo
que recuerdan a las gremiales del período colonial
que contenían un acento feudal insoslayable, aun
sin estar enmarcadas en relaciones globales de esta
naturaleza.[5] Éste es un caso que ejemplifica el esla-
bonamiento entre elementos sociales de relaciones
capitalistas (trabajo asalariado, producción especializada de mercancías para el mercado, división del
trabajo, etc.) con elementos no capitalistas (elevado
peso de los vínculos personales, limitada inclinación
y estímulo a la acumulación de capital, poderosos
obstáculos a la movilidad de capital, escaso efecto
del mercado como estímulo al cambio tecnológico,
etcétera).

Aun cuando en forma menos intensa se encuentran en El Nith relaciones laborales en los talleres
de incrustaciones en madera parecidas a las de los
talleres de herramientas agrícolas de Santuario. Sin
embargo, en El Nith se constata un predominio más
claro de las relaciones empresariales en los talleres
sobre las formas de sujeción no capitalistas, desde
luego sin que éstas dejen de existir. En todo caso
en El Nith se repite también lo que en Santuario en
cuanto a la posición de clase poco definida, sobre
todo de los artesanos dueños de los talleres. Esto
sucede sobre todo por ser los talleres unidades artesanales en los que el mismo dueño labora junto con
sus empleados sin distinción en los procesos productivos. Desde luego asumen también las labores de

[5] Véase E. Semo, *Historia del capitalismo en México, los
orígenes, 1521-1763*, ERA, México, 1973, así como S. de la
Peña, *La formación del capitalismo en México*, Siglo XXI,
México, 1975.

dirección y decisión sobre la producción y obviamente se benefician con un cierto margen de ganancias. No obstante éste es sorprendentemente bajo o nulo, similar por cierto al de los agricultores. En cierta forma el propietario invierte apenas para darse a sí mismo ocupación.

Por lo que se refiere a los empleados su elevado número en Santuario obedece a la presencia de un número notable de escuelas en comparación con lo que prevalece en la región.

El efecto conjunto de estas diferencias en las cuatro comunidades consiste en que la distribución de clases explotadas con respecto a las explotadoras es menos dispersa de lo esperado (de 56 a 69% son explotados) a pesar de las diferencias en las respectivas estructuras productivas. Esto tal vez habla más del peso tan elevado de similitud que guardan en términos de desarrollo capitalista, que de las indudables diferencias que presentan. En todo caso el conjunto de los que se encuentran objetivamente dentro del grupo de pequeños productores (que incluye al núcleo de pequeña burguesía) en realidad sólo con dificultades puede practicar la explotación capitalista. Se trata en su mayoría de productores, por cuenta propia, que eventualmente alquilan mano de obra para ayudarse en labores particularmente pesadas. Sin embargo, éstos tienen en común con los demás incluidos en este conjunto el que producen casi exclusivamente para el mercado y, aun cuando de manera limitada, practican la división del trabajo. Constituyen también, al igual que los artesanos, núcleos que están en transición hacia formas empresariales más definidas.

Una de las evidencias del grado apenas incipiente de las relaciones capitalistas consiste en la proliferación de posiciones clasistas complementarias que resultan de la desesperada búsqueda de medios de subsistencia. Es así que la frecuencia de segundas y aun terceras ocupaciones es elevada (lo que supone

una participación objetiva en otras clases). Esto
habla no sólo de lo magro de las fuentes de ingreso
que obliga a procurar otros trabajos remunerados,
sino también de la incidencia de la subocupación
que afecta a la mayoría de los ocupados. Aquí utili-
zamos el término de subocupación como la disponibilidad de tiempo no ocupado en su jornada (o en
el calendario de trabajo), por la falta de oportunidades ocupacionales en las labores principales.

En el cuadro 20 que en seguida se inserta se ha
concentrado la información referente a la incidencia
de la segunda ocupación en la formación clasista.

En la información cuantitativa sobre clase social
principal y secundaria en las cuatro comunidades
estudiadas resalta, en primer lugar, la elevada incidencia en el conjunto de las clases sociales de la
práctica de la segunda ocupación (que supone una
segunda posición de clase) en todos los casos, desde 24% en El Maye hasta 29% en Santuario. Este
dato establece una evidencia de la posible relación
entre la pobreza y la multiplicidad de ocupaciones,
en las que no necesariamente está ausente la del
autoconsumo (aunque no alcanza a ser autosuficiente, y de serlo tal vez no tendría otra ocupación dicha persona). Lo más relevante de esta característica consiste en la tendencia a la heterogeneidad
clasista entre la posición de clase principal y la secundaria. En efecto, en dos tercios de los que tienen·
una segunda posición de clase ésta es diferente a la
principal y sólo en un tercio coinciden la principal
y la secundaria. La excepción es Santuario (véase
el cuadro 20).

Pese a las diferencias en niveles de actividad entre comunidades, y de oportunidades de ocupación
remunerada adicional, la evidencia indica que en
todas ellas hay la tendencia a ser más elevada la proporción de los explotados, tanto en la clase principal como en la segunda (véase el cuadro 21).

La información del cuadro 21 permite observar

CUADRO 20
CLASE PRINCIPAL Y SECUNDARIA
(*personas y porcentajes*)

| | Santuario* 1973 | | El Maye* 1973 | | San Agustín 1974 | | El Nith* 1975 | |
|---|---|---|---|---|---|---|---|---|
| | Total | % | Total | % | Total | % | Total | % |
| TOTAL | 123 | 100 | 222 | 100 | 120 | 100 | 162 | 100 |
| Explotados | 69 | 56 | 138 | 62 | 73 | 61 | 111 | 69 |
| De clase única | 49 | (40) | 117 | (53) | 55 | (46) | 89 | (55) |
| 2a. posición expl. | 15 | (12) | 2 | (1) | 0 | (0) | 1 | (1) |
| 2a. posición peq. prod. | 5 | (4) | 19 | (8) | 18 | (15) | 21 | (13) |
| Pequeños productores[1] | 54 | 44 | 84 | 38 | 47 | 39 | 51 | 31 |
| De clase única | 38 | (31) | 52 | (23) | 35 | (29) | 29 | (18) |
| 2a. posición expl. | 11 | (9) | 24 | (11) | 7 | (6) | 8 | (5) |
| 2a. posición peq. prod. | 5 | (4) | 8 | (4) | 5 | (4) | 14 | (8) |

FUENTE: Investigación directa.
* Barrios centrales.
[1] Incluye grupos reducidos de pequeños burgueses.

CUADRO 21
CLASE PRINCIPAL Y SECUNDARIA
(en porcentajes)

|  | Santuario*<br>1973 | El Maye*<br>1973 | San<br>Agustín<br>1974 | El Nith*<br>1975 |
|---|---|---|---|---|
| EXPLOTADOS | 100 | 100 | 100 | 100 |
| De clase única | 71 | 85 | 75 | 80 |
| Con 2a. clase | 29 | 15 | 25 | 20 |
| Explotada | (22) | (1) | (0) | (1) |
| Pequeño<br>productor | (7) | (14) | (25) | (19) |
| PEQUEÑO PRO-<br>DUCTOR[1] | 100 | 100 | 100 | 100 |
| De clase única | 70 | 62 | 74 | 57 |
| Con 2a. clase | 30 | 38 | 26 | 43 |
| Explotada | (21) | (29) | (15) | (16) |
| Pequeño<br>productor | (9) | (9) | (11) | (27) |
| TOTAL | 100 | 100 | 100 | 100 |
| De clase única | 71 | 76 | 75 | 73 |
| Explotada | (40) | (53) | (46) | (55) |
| Pequeño<br>productor | (31) | (23) | (29) | (18) |
| Con 2a. clase | 29 | 24 | 25 | 27 |
| Explotada | (21) | (12) | (6) | (6) |
| Pequeño<br>productor | (8) | (12) | (19) | (21) |

FUENTE: Cuadro 20.
* Barrios centrales.
[1] Incluye grupos de pequeña burguesía.

que en Santuario la proporción de personas con segunda clase de explotados es elevada mientras que en los otros casos es nula o casi nula. La explicación se encuentra en el hecho de que la mayoría de los explotados son jornaleros que no tienen la opción de completar el ingreso haciendo de pequeño productor por la misma miseria de los recursos. Por eso son jornaleros usualmente en su segunda actividad.

También llama la atención que en San Agustín y

El Nith la proporción de las personas que como segunda posición tienen la de pequeño productor es mucho mayor que en El Maye o Santuario. Vale resaltar que el sector que produce este efecto es principalmente el grupo que tiene como clase principal la de explotado. (Véase de nuevo el cuadro 20.) Esto es debido a un efecto diferente del proceso de proletarización del trabajo al observado en las comunidades más atrasadas: en las comunidades menos atrasadas (El Nith y El Maye) la proletarización arroja salarios más altos y el ingreso se complementa con otros, por lo que absorbe a pequeños productores de capacidad económica media; esta última posición pasa a ser segunda. En cambio en Santuario la proletarización tiene lugar con niveles salariales menores por lo que los pequeños productores *complementan* el ingreso principal (que define su posición principal de clase) con el salario, por lo que la 2a. posición de clase es la de explotados. Esto es, en las comunidades que tienen oportunidades internas y en su vecindad para obtener trabajo remunerado mejor pagado la proletarización penetra a estratos de ingresos más elevados y convierte en segunda ocupación a la original de pequeños productores, a diferencia del caso de las comunidades atrasadas. Este proceso puede culminar eventualmente con la ruptura final del vínculo original, que es cuando tiene lugar la transformación de los núcleos explotados en conjuntos con clase única.

Precisamente al proceso más intenso de proletarización y de "especialización" clasista, a medida que las relaciones empresariales son predominantes, se debe el resultado de que entre los explotados la proporción de las personas con clase única (o sea proletarios y empleados) sea más elevada en El Maye (85%) y en El Nith (80%) que en San Agustín (75%) y Santuario (71%), aunque en todas las comunidades es alta (cuadro 21). A su vez este proceso es complementado con lo opuesto, o sea el de

persistir más personas, con ingresos escasos, como productores por cuenta propia (que se encuentran clasificados como pequeños productores) en posición de clase única, en las comunidades con condiciones más modestas de proletarización, o sea con oportunidades y presiones menores para ello. En el cuadro 20 y su complemento el 21 se observa cómo en las comunidades más atrasadas (Santuario y San Agustín) la proporción de pequeños productores de clase única es mayor (70 y 74%) que en las otras comunidades (57 y 62%; cuadro 21). Al sumar el conjunto de clases en el cuadro 21 para examinar las diferencias en la distribución de la segunda posición da como resultado la similitud ya comentada en la proporción de personas con clase única en las cuatro comunidades.

Es de suponer que en la medida en que avance aún más la transformación empresarial de la producción rural se extremarán estos procesos de modificación clasista. Es posible que, por una parte, se consolide un núcleo de pequeña burguesía de clase única, pero con niveles de ingreso y poder político y económico mayores. Al mismo tiempo será más acelerado el proceso de proletarización de los pequeños productores más pobres, sean o no ejidatarios. Muchos adquirirán la posición de proletarios como clase principal y será convertida la de pequeño productor en secundaria, pero también una elevada proporción abandonarán la segunda posición para transformarse plenamente en proletarios especializados de clase única. En el conjunto la estructura de las clases se simplificará, reduciéndose en todos los casos la proporción de los que tienen segunda posición y sobre todo la heterogeneidad, o sea los casos de los que tienen dos posiciones de clase diferentes.

De la información captada en las comunidades no se pone directamente en evidencia la presencia de elementos objetivos de clases no capitalistas o de estratos y castas. Esto se debe a que las relaciones de

explotación no capitalistas fueron destruidas o absorbidas y transformadas en capitalistas, ya fuese gradualmente, ya a través de procesos violentos del despojo y pillaje. Pero quedaron aún presentes una diversidad de elementos formales que fueron en parte refuncionalizados dentro de las relaciones capitalistas dominantes. En todo caso la articulación entre clases sociales de modos de producción diferentes, en su expresión objetiva, no aparece en las comunidades estudiadas.

En cambio en la esfera ideológica el panorama es distinto. La abundancia de rasgos ideológicos campesinos y de relaciones serviles salta a la vista, así como la manera como intervienen en la constitución de la ideología de las comunidades. En esta medida participan en la reproducción social a partir de la reproducción de las relaciones de explotación.

## 9. IDEOLOGÍA DOMINANTE E IDEOLOGÍA CAMPESINA

El análisis de los aspectos ideológicos plantea problemas conceptuales y metodológicos para comprender con claridad la distinción entre la posición objetiva de clase de los individuos y su posición política. La solución de estos problemas se facilita utilizando en el análisis el concepto de fuerza clasista (la fuerza social que asume la defensa de intereses de clase) para entender el papel que cumple la ideología en la formación de las fuerzas sociales y en su actuación. Eso por lo que se refiere a las luchas sociales que se consideran fundamentales en la explicación global de la historia. Sin embargo, la ideología no se restringe al campo de la delimitación, condicionamiento y armado de las fuerzas sociales, sino también comprende otros elementos de la vida cotidiana personal, comunal y nacional que forman parte de los medios de actuación y lucha ideológica de personas y grupos por objetivos sociales y políticos de su ideología.

Cabe aclarar que si los propósitos políticos de la ideología que sustenta la persona o el grupo de que se trate, corresponden a los intereses históricos de la clase objetiva a la que pertenecen, estarán en posibilidades de alcanzar plena conciencia de clase. En caso contrario se trata de personas o grupos que optan concientemente por una posición política diferente a los intereses históricos de la clase a que pertenecen, y por lo tanto, cobran conciencia de clase en términos puramente políticos e ideológicos, o bien de grupos y personas que asumen, sin clara conciencia de ello, posiciones ideológicas que corresponden a otra clase. En ninguno de estos dos casos

de trasgresión ideológica de clase con respecto a la que se pertenece objetivamente, borra el condicionamiento, no la determinación, de la ubicación social básica, económica dentro de las relaciones de explotación.

El problema que representa la conceptualización y estudio de la formación de las fuerzas clasistas, a diferencia de la constitución objetiva de las clases sociales en tanto conjuntos humanos definidos por la posición que guardan en la relación de explotación socializada, es particularmente complejo. El debate en torno a esta cuestión comprende aspectos tales como las vías y formas de obtención del consenso por las clases dominantes, la construcción de la hegemonía (y de la contra-hegemonía), el papel del Estado en estos procesos, la construcción de la ideología de la clase dominante y su intento de transformación en ideología general, la presencia de componentes ideológicos de las clases dominadas, y la existencia de componentes no clasistas en la ideología, entre otros.

Nuestro problema consiste en hacer una apreciación de la ideología y sus articulaciones a nivel de la comunidad. Para ello es necesario considerar a la ideología no sólo como falsa conciencia [1] ni exclusivamente como instrumento de la clase dominante para imponer y reproducir su dominio, conducción, alianzas y sentido, al desarrollo social.[2] En este en-

[1] Existe la corriente tradicional marxista que a partir de algunas elaboraciones de Marx, Engels y Lenin sustentan la tesis de que *toda* ideología es falsa conciencia, cancelando así una amplia gama de aspectos ideológicos. Tal es el caso de Ludovico Silva (*Teoría y práctica de la ideología*, Nuestro Tiempo, México, 1971).

[2] Tomamos en este sentido la proposición de que "Las ideas de la clase dominante son en cada época las ideas dominantes, es decir, la clase que ejerce el poder material en la sociedad resulta al mismo tiempo la fuerza espiritual dominante. La clase que controla los medios de producción material controla también los medios de producción

sayo se propone considerar a la ideología como la interpretación de la realidad que hacen las personas y grupos, así como de sus explicaciones, en relación a objetivos sociales y políticos. Pero también comprende al conjunto de ideas, valores y aspiraciones que son parte de estos objetivos y aún de sus vías para alcanzarlos, incluyendo elementos artísticos, culturales y la interpretación histórica de la sociedad, entre otros. Por ello es que la ideología de la clase dominante puede constituir una falsa conciencia de la realidad, pero no menos falsa puede ser la ideología de los proletarios en la medida que incluye interpretaciones y concepciones falsas.

Por otra parte la ideología social predominante se constituye no sólo por los elementos e interpretaciones aportados por la clase dominante sino también por los que provienen de la historia misma del pueblo y algunos de carácter clasista que surgen de otras clases. Esto es, existe una diversidad de elementos ideológicos generales que no son identificables en su origen con ninguna clase en particular, sino que son parte de la esencia humana, sin que ello suponga que se trata de valores ahistóricos, aunque en algunos casos no hayan tenido en su origen remoto una relación estrecha con la explotación. Todo esto no supone que esos elementos de la ideología sean neutros sino sólo que pueden ser componentes que surgieron de matrices no clasistas, y que ahora les imprime su sentido la clase dominante en unos casos, pero en otros permanecen como compo-

intelectual, de tal manera, que en general las ideas de los que no disponen de los medios de producción intelectual son sometidas a las ideas de la clase dominante. Las ideas dominantes no son más que la expresión ideal de las relaciones materiales dominantes o sea, las mismas relaciones materiales dominantes concebidas como ideas, es decir, la expresión de las relaciones que hacen de una clase determinada una clase dominante, en una palabra son las ideas de su dominio". K. Marx y F. Engels, *La ideología Alemana*, Omega, Barcelona, 1972, p. 78.

nentes generales de la ideología social. Tal podr a
ser, por ejemplo, el componente indígena del sentido de identidad nacional.

Esto es, una cosa es el proceso de formación de
elementos ideológicos y otra es la manera como se
le imprime un sentido favorable a los propósitos
de lograr el dominio, la dirigencia y el consenso
por la clase dominante, o la resistencia y construcción de la contra-hegemonía en el caso de las clases dominadas. Es tarea fundamental del Estado
lograr esa transformación a favor de la clase dominante que, por otra parte, es doble ya que la ideología debe contener un sentido favorable a la reproducción del dominio clasista y al mismo tiempo debe
aparecer como una ideología general para que sea
útil a esos objetivos. Esta trasmutación es la esenca
misma del proceso de retención y construcción del
consenso y, en consecuencia, de la aceptación social
del dominio burgués y de la represión y violencia
en sus dos tipos principales: la cotidiana (familiar,
educativa, social, económica) y la eventual (represión contra grupos). Lo importante en esto es el
apoyo político de la mayoría de la población a las
normas represivas, y a la actuación ideológica del
Estado.

Decíamos que no todos los componentes de a
ideología son clasistas ni son utilizados para los
fines y ventajas de la clase dominante. Existen elementos que nada tienen que ver en su origen con
las clases. Y también es posible identificar elementos que son integrantes de la ideología general existente y que no son de origen burgués ni pueden ser
utilizados plena y constantemente para los fines burgueses. En algunos casos constituyen elementos fundamentales de la construcción de la ideología de los
dominados. En México puede considerarse uno de
estos elementos la interpretación proletaria de la
reforma agraria. Otro lo es el que todos los grandes
hechos de la historia del país han sido producto de

la actuación de grandes masas populares, ya se trate
de la Revolución de Independencia, las guerras pa-
trias (contra Estados Unidos y Francia) o la Revolución Mexicana.[3] No menos importante en este sentido es el principio del dominio público de los
recursos naturales, particularmente del petróleo y
sobre todo del nacionalismo en sus diversas facetas:
la identidad nacional, la valoración de la historia,
el dominio territorial; la construcción del Estado
con intenciones de unidad de clases.

El que la ideología dominante esté formada también por componentes que se originan en clases diferentes no elimina el fenómeno principal que consiste en la existencia de elementos de otras ideologías
clasistas, y por lo tanto, de su posible fortalecimien-
to y construcción. Es decir, se distinguen diversas
ideologías. La misma realidad es objeto de varias
interpretaciones no sólo a partir de puntos de vista
clasistas diferentes sino también no clasistas. En la
medida en que estas interpretaciones clasistas y no
clasistas son asumidas por una gran mayoría de los
componentes de la sociedad se convierten en ideología general y usualmente en la dominante. En caso
contrario permanecen como elementos ideológicos
identificables de un grupo (y sostenidos y reproducidos por ese grupo) que no se convierten en componentes de la ideología general. Tal podría ser el
caso de elementos ideológicos burgueses relacionados con el dominio económico que no se difunden
a otras clases. O la concepción campesina de la familia como unidad productora que sólo persiste en
sectores rurales afines a esta forma de reproducción.

Para la comprensión del contenido y significado
de la ideología general dominante, así como de la
manera como sucede su utilización clasista, es necesario deslindar los componentes identificables como

³ Enrique Semo, "Acerca del ciclo de las revoluciones
burguesas", en *Socialismo*, año I, núm. 3, México, 1975.

clasistas y los de carácter general. Sólo de esta manera será posible la comprensión del proceso de
construcción de la ideología burguesa y acelerar la
formación de la proletaria a fin de convertir ésta
en general y en dominante. Esto será condición para
la construcción de la hegemonía proletaria y al mismo tiempo su producto. Es decir, la hegemonía y
el consenso de las clases dominadas es al mismo
tiempo condición y resultado de la transformación
de su ideología clasista en ideología general.

Es necesario establecer la distinción en cuanto a
la ideología de los componentes de una clase determinada (por ejemplo *la ideología de los proletarios*)
y la ideología de la clase (*la ideología proletaria*).
La diferencia entre ambas es principalmente (pero
no exclusivamente) atribuible a la acción orientada
a la creación y reproducción del consenso y hegemonía de la clase dominante. Esta acción corre principalmente a cargo del Estado, pero no solamente,
sino que la sociedad civil tiene una gran importancia en estas tareas, principalmente la familia.

Con estos elementos de referencia se puede em-
prender una apreciación de la ideología en las comunidades estudiadas. Es necesario aclarar que el
carácter global de las cédulas aplicadas para obtener información aportó elementos generales que de-
bieron completarse con entrevistas personales. Los
resultados cuantitativos son menos relevantes que
los obtenidos a través de entrevistas, por lo que se
hará escasa referencia a los primeros.

En el estudio de comunidades rurales se tiende a
resaltar lo diferente, lo que las caracteriza, dejando
de lado lo común, lo que comparten con el resto de
la sociedad nacional. A veces este procedimiento se
lleva al extremo de olvidar partes fundamentales
de lo que es común a la nación y se dibujan a las
comunidades como formaciones aisladas y contras-
tadas.

En el caso de la ideología es usual la tendencia

señalada. Sin embargo, en las comunidades rurales contemporáneas de México lo común constituye la parte principal y más importante de la ideología expresada, aunque difícilmente se integra en una idea total de la sociedad. Los conceptos de autoridad, de propiedad, de orden, religiosos, de familia, de comunidad, de dinero, trabajo, bienestar, paz, conciliación, que son partes fundamentales de la ideología dominante, son compartidos en la comunidad, pero en algunos casos con matices propios. Estos provienen en gran medida de que son pequeños agregados comunales. Coexisten elementos ideológicos procedentes de relaciones anteriores (campesinas, señoriales, clericales, coloniales, etc.) con los dominantes capitalistas. También se encuentran numerosos elementos culturales diferentes a los capitalistas, como son los aportados por las etnias dominadas y otros más heredados de la historia local.

El efecto e influencia ideológicos de factores no clasistas en las comunidades es variable, pero siempre de importancia para matizar considerablemente la ideología de las personas que las componen. Las diferencias ideológicas de orden clasista son así modificadas o influidas por estos factores, entre los que destacan:

a] *Los elementos ideológicos que son condicionados por el hecho de tratarse de pequeñas comunidades rurales.* Éstos en general se encontrarán en todas las comunidades de este tipo y no solamente en la región. Tales son el peso diferente que cobran las relaciones familiares, comunales y personales en la vida social, en contraste con lo que pasa en los conglomerados urbanos. Desde luego dichas relaciones son usualmente objeto de interpretaciones clasistas en algunos casos, pero en otros simplemente premanecen como componentes ideológicos generales o particulares de un grupo sin connotación clasista en su origen o uso.

Ya Lefebvre menciona que "En todas las comunidades rurales, incluso en plena disolución, incluso en las individualizadas al máximo, *las relaciones de vecindad* tienen una extrema importancia. Su forma y su contenido difieren: en casos son estrictamente prácticas (intercambio de ayuda en los trabajos más pesados, *souhaitage* en el Gatinais, *arban* en el Limousin y la Marche), en otros casos son prácticas con ritualización muy marcada (País Vasco y Béarn, donde los vecinos tienen una función oficial en las ceremonias familiares, bodas, entierros), y en otros casos son casi exclusivamente suntuarias (como en el caso de las visitas recíprocas, estudiadas por los sociólogos americanos). Casi siempre las relaciones de vecindad han tenido o conservan un fundamento práctico".[4]

En las comunidades investigadas se constató el poderoso peso de las "relaciones de vecindad". Es posible que la persistencia de éstas y su gran peso en la determinación de la orientación ideológica de la comunidad provenga de que las relaciones internas son inevitablemente personales. No obstante se pueden distinguir algunas diferencias según la dimensión de las comunidades y el grado de vinculación de la vida cotidiana con otros centros sociales. Así el peso de las relaciones de vecindad parecen ser mayores en las comunidades más aisladas (Santuario y San Agustín). Y también les atribuyen mayor importancia a estos lazos los grupos de personas dentro de cada comunidad cuya vida cotidiana está más restringida al acontecer interno de la misma.

Un aspecto de gran importancia en esta faceta de la ideología de los componentes de las comunidades es la existencia de formas de dominio, represión y compulsión que son propios de las relaciones personales y comunales. Algunas de estas formas no son específicas de las comunidades: opresión sexual;

[4] Henri Lefebvre, *De lo rural a lo urbano*, Lotus Mare, Buenos Aires, 1976.

patrones de autoridad tradicionales o de relaciones de explotación ya eliminadas —patrón/peón—, de origen religioso, generacional, etc., pero que cobran un carácter propio en su desarrollo y consecuencia dentro de las comunidades. Otras son propias de las relaciones sociales que se establecen en estos conglomerados, como es el localismo, y la forma de sujeción a condicionantes nacionales sin posibilidad de resistencia (precios, estructuras administrativas, factores culturales). En uno y otro caso estos elementos forman parte de la ideología en las comunidades y de los factores que la hacen diferente en cierto grado a la de otros grupos sociales, lo que además altera las condiciones de la explotación clasista. Desde luego ello afecta igualmente las posibilidades de la construcción de la conciencia clasista (la ideología) de las clases explotadas.

b] *El segundo conjunto de factores no clasistas que son fuentes de ideología son los étnicos y culturales.* Son condicionantes de la interpretación de la realidad, ya por contener elementos de culturas diferentes, ya por ser factores de desigualdad (la discriminación étnica, por ejemplo), ya por incorporar componentes de relaciones y acontecimientos pretéritos.

En la región de El Mezquital y en las comunidades seleccionadas para esta investigación existen grandes grupos de indígenas otomíes, tradicionalmente sujetos a la explotación económica y a la sujeción política y cultural, que han sido ampliamente descritas y estudiadas.[5] Aquí es importante resaltar que estas condiciones de explotación y la persistencia de elementos de la vida indígena aportan abundantes componentes ideológicos propios.

---

[5] Desde los años treintas la región de El Mezquital fue motivo de investigaciones etnológicas y sociales. Entre los numerosos estudios realizados destacan los de Miguel Othón de Mendizábal, *Obras completas*, Talleres Gráficos de la Nación, México, 1946-1947, 6 vols.

Estos elementos, como otros de la compleja trama de opresión interétnica, aportan elementos para intensificar y perpetuar la sujeción capitalista.[6] En las comunidades se encuentran componentes indígenas con referencias ideológicas de este tipo, aunque son de difícil diferenciación de las que expresan los labradores agrícolas en general. Esto se debe a que la mayoría de labradores son indígenas y se distinguen entre sí solamente en el grado de castellanización y de vinculación con el trabajo asalariado externo a las comunidades. Esto hace extensivos los componentes ideológicos indígenas a la mayoría de la población rural. Solamente en el caso de los sectores más inmersos en el autoconsumo tal vez se podrían encontrar diferencias mayores, pero el instrumental utilizado y su forma de aplicación no aportó información suficiente para distinguirlas.

c] *La historia local y el medio físico (la cultura del desierto) imprimen a los grupos condicionantes de identificación ideológica.* Éstos van desde la dominación colonial que por siglos sufrieron los pueblos, hasta características de las localidades. En Santuario, por ejemplo, está la influencia de la actividad minera que hace ya varias décadas se abandonó por incosteable, o la persistencia de labores como la herrería que surgió en condiciones de relaciones económicas hace tiempo ya desaparecidas.

Los factores ideológicos condicionados por las particularidades de las comunidades rurales, ya señaladas en los incisos a, b y c anteriores, sólo matizan las estructuras ideológicas fundamentales. Éstas son las que surgen de dos grandes condicionantes que son las derivadas de la operación del capitalismo y de las clases correspondientes, y las que pro-

[6] Pablo González Casanova elabora una interpretación reciente al respecto en el artículo "Las minorías étnicas en América Latina: del subdesarrollo colonial al socialismo" en *Desarrollo Indoamericano*, núm. 47, febrero de 1979, Colombia.

vienen de la persistencia de tendencias campesinas sustentadas en la supervivencia de la vinculación familiar a pequeñas parcelas de tierra.

En el sector de más intensa práctica del autoconsumo aún son vigentes las palabras de Engels que afirmaba, a propósito de la comunidad primitiva, que "... en esta etapa el tipo de producción es menos decisivo que el grado en que, dentro de la tribu, se hayan disuelto los viejos lazos sanguíneos y la primitiva comunidad sexual".[7]

Las formas de articulación económica entre los sectores de autoconsumo y el capitalista, ya señaladas en capítulos anteriores, tienen un correlato necesario en la esfera de las vinculaciones con el Estado y en la ideológica. Las vías de dominio, dirigencia y consenso entre la clase dominante y el conjunto de la población son las que operan en las comunidades, pero con referencias concretas a la vida en este nivel. Sin embargo, las posibilidades de soporte político al Estado parecen ser menores en la comunidad a consecuencia de las limitaciones de la población para asumir plenamente los intereses políticos nacionales de la burguesía. Ello se reduce, entonces, a la aceptación de valores y principios burgueses, o sea a aportar un consenso pasivo.

Ya han sido estudiadas y descritas las vinculaciones de dominio y dependencia que el Estado burgués establece estrechamente con los sectores rurales. Esto resulta de la sujeción del campesinado a la dirigencia de alguna de las clases principales del capitalismo, ya sea la burguesía o el proletariado.[8]

Este antecedente de dominio, que en el caso de

---

[7] *Correspondencia Carlos Marx, Federico Engels,* Ediciones de Cultura Popular, México, 1972, carta núm. 179 de Engels a Marx, 8 de diciembre de 1882, p. 87.
[8] V. I. Lenin, *Acerca de algunas particularidades del desarrollo histórico del marxismo,* Progreso, Moscú, 1971, p. 12, así como León Trotski, *La revolución permanente,* Clave, México, 1970.

México ha corrido a cargo de la burguesía desde hace un siglo, no sólo se prolonga en el núcleo campesino remanente sino que sirve para extenderse a otros núcleos.

Aún en el caso de los jornaleros y obreros agrícolas, que objetivamente forman parte del proletariado rural, el peso de la dominación y dependencia es formidable. A ello ha contribuido poderosamente el Estado a través de las múltiples formas tradicionales de concesión y de manipulación de estos sectores.[9]

En el caso de México el fenómeno es aún más acentuado por la extensa transformación agraria que tuvo lugar y por la ampliación del efecto de ésta a través de los "derechos a salvo", y por la acción de restitución de tierras comunales. Pero el efecto ideológico de dominación en el campo solamente se fortalece con el reparto agrario (o su promesa), ya que de todas formas existe a través de la gran diversidad de vías de sujeción el dominio estatal como es el crédito agrícola, la asistencia técnica, la administración del agua de riego y sobre todo del aparato administrativo ejidal: comisariados, delegados, organización política de masas (Confederación Nacional Campesina).[10]

Cada uno de estos medios constituye un vínculo que reitera el dominio estatal y refuerza su influencia ideológica. Para el conjunto de los habitantes de las comunidades la representación del Estado es la de un poder incomprensible del cual se reciben algunas ventajas a condición de mantener una lealtad sin restricciones. La lealtad se expresa, a su vez, en actos concretos de apoyo a la estructura de poder

[9] David Lehmann, "Hacia un análisis de la conciencia de los campesinos", en D. Lehmann y H. Zemelman, *El campesinado: clase y conciencia de clase*, Nueva Visión, Buenos Aires, 1972.

[10] David Zárate, *Orientaciones ideológicas en la comunidad rural*, informe de trabajo, México, 1974.

local y nacional. Tienen los componentes de las comunidades una amplia experiencia en su función de votantes a favor de los candidatos oficiales, ya se trate de elecciones presidenciales, diputaciones federales, gubernamentales, municipales o de autoridades agrarias, de la Junta de Aguas y otros. El grado de sujeción ideológica tiene una obvia base material.

En las comunidades la marcada tendencia a atribuir los errores, abusos e indiferencia del gobierno en general, a los colaboradores del Presidente y no a este personaje que encarna todo el poder, se debe a que la existencia misma de la familia rural depende en gran medida de la aceptación y protección de los poderosos locales más que del lejano poder presidencial. Estos personajes concentran el poder económico y político (a veces el formal y ciertamente el informal), en gran medida por ser los que sirven de conexión con los estratos superiores del poder para ejercer el control local. Ello los convierte en piezas claves de la estructura del poder nacional en los aparatos del Estado y de su funcionamiento, y explica la reproducción del caciquismo y la transformación del cacique en la representación viva del Estado. Sin embargo, por ser el que ejercita directamente el dominio (y el paternalismo) es objeto de ataques personales, a diferencia del Presidente de la República.

La manera como se aprecian estas relaciones por los componentes de las comunidades varía desde luego según la posición de clase, pero también existe una respuesta que es común, determinada por la sujeción generalizada a iguales condiciones de dominio. En el grupo de asalariados, y sobre todo en los que laboran fuera de la comunidad, se denotan actitudes más definidamente clasistas dentro de la aceptación general de la dependencia y dominio. Muestran una apreciación menos dócil de su sujeción al Estado y una distinción más clara de las posiciones en la explotación capitalista (papel del patrón, carácter del trabajo).

En el caso de los labradores más cercanos al autoconsumo se reproducen muchos más rasgos de las relaciones de sujeción no económicas, se expresa la imposibilidad de enfrentarse al dominio clasista y la confusión acerca del carácter de explotador del patrón. También tienden a recurrir a explicaciones pertenecientes a culturas indígenas, aparentemente como recurso de defensa al estar materialmente más inermes frente a las formas capitalistas de explotación. La persistencia de componentes de la ideología campesina tiene su fuente en este grupo que reduce sus interpretaciones de la opresión y explotación al carácter personal (bueno, malo, mezquino) de sus opresores. Sólo se refieren al sentido social en lo relativo a la resistencia de la comunidad y el refugio que ésta representa. Toda referencia a vías políticas, organizaciones gremiales y sindicales o vinculaciones extracomunidad es rechazada. Reiteran su visión de la sociedad dividida en pobres y ricos y, por encima de todos, el gobierno todopoderoso. También resalta la coincidencia en la defensa de los principios y valores burgueses y de la pequeña burguesía en cuanto a la propiedad, el capital y el bienestar derivado de la riqueza.

Para todos los habitantes de las comunidades la identidad social, la seguridad y la supervivencia dependen directamente de la posesión de la tierra. De aquí el poderoso elemento de sujeción de las autoridades que no sólo otorgan la posesión de la tierra sino que la pueden retirar [11] y dar o no los medios para su explotación (crédito sobre todo).

Un aspecto ideológico interesante es la conceptualización que muestran los integrantes de las comunidades en relación a la educación. Los sectores

---

[11] Véase F. J. Delich, *Tierra y conciencia campesina en Tucumán*, Ediciones Signos, Buenos Aires, 1970, p. 142.

asalariados consideran la educación una vía de mejoramiento material y aún de cambio de clase para sus hijos. En cambio en los sectores de mayor contenido campesino la educación es un medio de defensa frente a los poderosos y eventualmente de acceso al poder. En el primer caso es una visión clasista que se enmarca en la explotación y ya no hace referencia al Estado; en el de los campesinos la referencia es al poder y al Estado, aún sin mencionar a éste. En los dos casos y en el conjunto de la población la educación se considera un valor fundamental.

A los profesores se les considera solamente importantes en su papel didáctico. No constituyen para las comunidades ni gestores ante diversos niveles administrativos, ni mentores en la transformación económica, ni dirigentes intelectuales o morales, ni mucho menos defensores frente a abusos del poder local, regional o federal. Son considerados empleados gubernamentales, de ingresos elevados dentro de las comunidades, que realizan tareas precisas, por los integrantes de las comunidades.[12]

Se denota en todos los grupos la gran eficacia que tienen los aparatos ideológicos para el dominio y dirigencia de la fuerza burguesa. Operan éstos en estrecha vinculación con el ejercicio del poder y con los procesos productivos, en buena medida por la pequeña dimensión social de las comunidades. Los mecanismos de consenso se sustentan directamente en el binomio de ventajas materiales (o su promesa) y represión ideológica (valores trasmitidos por la familia y la comunidad o por la escuela, la iglesia y los medios de comunicación). La identificación de intereses clasistas apenas se logra en los sectores de clase más diferenciados, sin dejar de estar poderosamente influidos por los factores comunales (de vecindad), étnicos, campesinos, etcétera. El dominio no lo consideran clasista los habi-

---

[12] D. Zárate, *op. cit.*

tantes de las comunidades y la explicación de la pobreza y riqueza es, en gran proporción, atribuible a una ubicación de nacimiento por todos los representantes de todas las clases sociales. La apreciación global de la esfera ideológica en las comunidades, con los importantes contenidos campesinos que en gran medida comparten diversos valores burgueses, es lo que las convierte en base de apoyo directa aunque pasiva del Estado. La articulación de sectores campesinos con componentes de clases explotadas es utilizada conciente o inconcientemente en la familia, la escuela, el trabajo y la iglesia para vitalizar los mecanismos ideológicos para la aceptación de la situación "porque así es". En estas condiciones las opciones democráticas que abran paso a un desarrollo ideológico de los explotados son escasas, porque aun existiendo las posibilidades del mensaje político, organizativo y económico de oposición, la receptividad de estos grupos sociales depende en gran parte de las opciones alternativas de vida material, que no pueden cumplir las fuerzas de oposición si no tienen cierto poder previo.

En cambio las alteraciones que se producen en la constitución de las clases del capitalismo afecta la base misma del dominio ideológico y apunta hacia modificaciones graduales a través de la acumulación y de la alteración de la estructura de las clases sociales. Al menos las diferencias que en esta esfera muestran las comunidades, según el grado de desarrollo, indican una definición clasista e ideológica más clara en el caso de las de mayor avance. Pero esto, como muchos otros aspectos materiales, ideológicos y políticos, dependen en gran medida de los cambios en la región y en el país, más que de dinámicas internas de las comunidades. Es decir, la revolución no se inicia en las comunidades, pero se realiza (o no) en éstas. Ya la Revolución Mexicana lo demostró.

## ÍNDICE DE CUADROS

[165]

impreso en editorial melo, s. a.
av. año de juárez 226-local d/col. granjas san antonio
del. iztapalapa-09070 méxico, d. f.
un mil ejemplares y sobrantes
17 de febrero de 1986

www.ingramcontent.com/pod-product-compliance
Lightning Source LLC
Chambersburg PA
CBHW021341290326
41933CB00037B/319